サンエイ新書
7

成立から倒幕まで
長州藩
志士たちの生き様

男の隠れ家編集部 編
Otokonokakurega henshubu

はじめに　長州は、なぜ革命に成功したのか？

高層ビルが建ち並ぶ駅前通り。あちこちにオフィスがあり、銀行があり、郵便局がある。大通りは自動車が途切れることなく走り、食事時には瀟洒《しょうしゃ》なカフェで、パスタランチなどの洋食を楽しむスーツ姿の会社員、学生たちの姿が見られる。

私たちにとって、これらはごく当たり前の「日常」といえるだろう。しかし、わずか150年ほど前、つまり江戸時代までは全くあり得ない光景だったのだ。なぜならそれらはすべて、「明治」という時代に外国の文化が入ってきてから、始まったものだからだ。

飛鳥時代に「日本」という国家のかたちができて以来、おおよそ1300年ぐらい経つ。150年という時間は、そんな長い歴史のなかの、ほんの一瞬のように感じられるのだが、日本はその150年の間に、当時は「欧米列強」と呼ばれたイギリスやアメリカなどの先進国と肩を並べる国家に成長した。

いったい、何が起きたのだろうか。いうなれば、その最初の一歩となったのが「幕末」という時代であり、その結果としてもたらされた「明治維新」という近代革命である。「幕末」とは、一般的には嘉永6年（1853）のペリー来航に始まり、慶応4年（1868）の「江戸無血開城」で江戸幕府が潰えるまでの15〜16年ほどのことを指す。江戸幕府の末期を表すことから「幕末」と呼ばれ、幕府が倒れて武士の天下が終わりを告げ、明治時代が始まった。この、ごく短い期間に成された一連の国家改革が「明治維新」なのである。

そして、その革命を語るうえで欠かせないのが、長州藩だ。長州藩の「長州」とは、現在の山口県の西半分にあたる長門《ながと》国の別称。政庁が萩にあったので、「萩藩」というのが正しいのだが、「長州」のほうが通りが良かったようだ。

同じように、当時は薩摩藩を「薩州」、土佐藩を「土州《どしゅう》」などと呼んでいたが、現在では薩摩藩は「薩摩」、土佐藩は「土佐」と呼ばれ、「〇〇州」で通るのが「長州」だけというのも不思議なものである。時代による、そうした言葉の変わりようも、また歴史の面白さといえるだろう。

江戸幕府の打倒をめざしたのは長州藩のほか、先に挙げた薩摩藩や土佐藩、肥前（佐賀）藩など数々あった。しかし、長州以外の他藩は、当初は幕府に味方したり、なかなか藩論（藩内での意見）がまとまらず、終始一貫した姿勢が維持できずにいたのだ。

薩摩藩も、一度は長州藩と「禁門の変」などで刃を交えるなど、幕府寄りの姿勢だったのが、「薩長同盟」の成立以降、倒幕に舵を切ることになった。もちろん、藩内では倒幕勢力と佐幕勢力（幕府を補佐する意）による対立はあったが、長州藩は幕末を通じ、一貫して倒幕の姿勢を維持し続けたのだ。そのために何度も苦境に立たされるわけであるが、それを乗り越え、結果として明治維新を成功させた旗手となる。いわば長州に加勢した薩摩、土佐、肥前の各藩（薩長土肥）による倒幕連合軍が江戸を占領し、首都・東京が生まれるに至ったのだ。

その影響は明治時代に入ってなお強く、「薩長土肥」と呼ばれた「藩閥」のなかで、長州の出身者は大きな発言力を持った。明治18年（1885）に成立した内閣においても、長州出身の伊藤博文が初代総理大臣に選ばれ、また大日本帝国の陸軍でも乃木希典《まれすけ》、児玉源太郎、山県《やまがた》有朋、桂太郎といった長州人が要職に就いたことを見てもその勢力の大きさがうかがえるだろう。「藩閥」という、偏りのある政府内組織は当初から批判の的にもなっていたが、善し悪しはともかく、彼らの手で近代日本の政治体制は整えられていったのである。

総理大臣の数でも、現総理である安倍晋三氏（2018年現在）も含め、山口県（長州）出身者は全都道府県で最多の8人を数える。明治維新初期における長州閥は、現代の日本にも残像を留めているといえるだろう。

本書は、この長州藩の歴史を、成り立ちから現代へと至るまでなぞった一冊だ。近代日本の成立に、本州最西部にあった長州が果たした役割。そこから、なぜ数多くの名のある志士が輩出されたのか。

明治維新という時代のうねり、そのエネルギーとなったものは何だったのか。現代にどんな影響を及ぼしたのか。本書がそうした歴史理解の一助になれば幸いである。

成立から倒幕まで 長州藩 志士たちの生き様 目次

第三章　苦境に立たされた長州藩

第四章　勇躍する維新の志士たち

この本は2015年7月19日に発行された「サンエイムック　長州藩　成立から倒幕まで」をベースに、加筆・修正をして再編集した新書です。

一部情報に関しては掲載当時のものも含まれます。

第一章　江戸時代と長州藩の成り立ち

中国地方に覇を唱えた名将
長州藩の始祖・毛利元就の偉業

苦難の幼少期を乗り越えて中国地方統一へ突き進む

長州藩の歴史を紐解くには、やはり戦国大名・毛利家および元就《もとなり》から始めなければならないだろう。

毛利家の開祖は、鎌倉幕府の創始者・源頼朝の側近を務めた大江広元《おおえのひろもと》である。その広元が頼朝から与えられた所領のうち、相模国《さがみのくに》(神奈川県)にあった「毛利荘《もうりのしょう》」を受け継いだ四男・季光《すえみつ》が「毛利」と名乗り、毛利家が興った。そして南北朝時代、その孫の毛利時親《ときちか》が中国地方の安芸国《あきのくに》(広島県)に逃れ、土着して根付いた。以来、安芸では屈指の勢力となったが、戦国時代の初めには大内や尼子《あまご》といった大勢力が中国地方に勃興し、毛利は安芸の小豪族に成り下がっていた。

そんな動乱の最中の明応6年(1497)、毛利元就は生まれた。5歳の頃に母を亡くし、10歳の頃には父の弘元《ひろもと》を亡くしたことで、家臣の井上元盛《もともり》に城を奪われ追い出

毛利氏系図

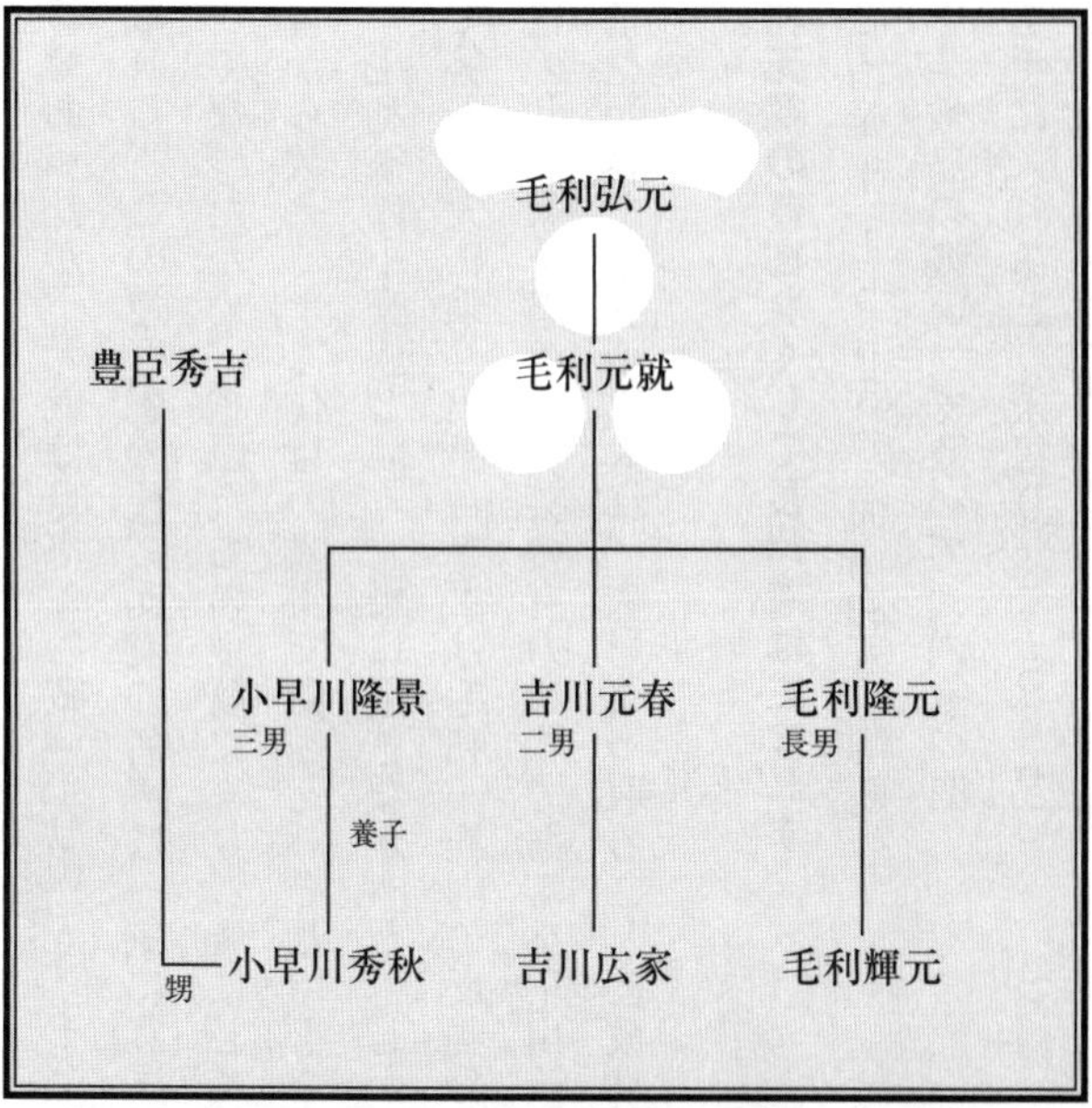

※元就の死後、孫の輝元が家督を継ぎ、関ヶ原の戦いを迎えることになる。

されるという屈辱まで味わった。

永正13年（1516）、元就が20歳になった頃、今度は兄の興元《おきもと》が24歳の若さで急死し、まだ2歳の幸松丸《こうまつまる》が毛利家を相続することになる。叔父にあたる元就は、その後見役に推され、重臣たちとともに幼主を補佐しながら家を盛り立てていった。毛利家が動揺する隙を突いて、近隣の豪族・武田元繁《もとしげ》の大軍が攻め寄せて来ると、元就はこれを迎撃に出る。武田軍5000に対し、毛利軍は1000という劣勢であったが、元就は見事この戦い（有田中井手《ありたなかいで》の戦い）に勝利。〝西の桶狭間〟とも呼ばれる、この逆転劇の後、元就の名声は一気に高まる。その後、甥の幸松丸が9歳で亡くなったため、重臣たちの推薦により27歳にして毛利家の当主に就任した。毛利時親から数えて十二代目の当主であった。それでもなお、戦国時代の中国地方にあって、毛利家は小豪族という立場に過ぎなかった。しかし、元就は持ち前の知略を駆使して勢力拡大に乗り出す。まずは毛利一族内の反乱分子を鎮め、かつて辱めを受けた家臣の井上家を粛清。安芸の有力氏族である小早川《こばやかわ》氏や吉川《きっかわ》氏に対しては、わが子の隆景《たかかげ》や元春《もとはる》を婿養子に入れ、家を乗っ取ることに成功する。

毛利元就の存在なくして長州藩は生まれず

弘治元年（1555）、西の強豪・陶晴《すえはる》賢《かた》を「厳島《いつくしま》の戦い」で敗って大内家の旧領を手に入れると、永禄9年（1566）には出雲《いずも》（島根県）にて旧敵・尼子家を攻

め滅ぼした。かくして元就は中国地方のほぼ全域（安芸・周防《すおう》・長門《ながと》・備中《びっちゅう》・備後《びんご》・因幡《いなば》・伯耆《ほうき》・出雲・隠岐《おき》・石見《いわみ》）にまたがる地域に支配の手を延ばす大大名となる。元就は元亀2年（1571）に世を去るにあたり、これ以上の勢力拡大は望まない意志を明らかにし、息子や孫に対しても「天下を競望するな」と言い聞かせた。

　元就の跡を継いだ輝元《てるもと》の時代、毛利家はさらに勢力を拡大し、近畿地方を制圧した織田信長と対立する。しかし、「本能寺の変」で信長が討たれたことで、その後に権力を握った豊臣秀吉に臣従し、中国全域の領国を安堵された。領地は120～130万石に達し、全盛期を迎えた。

毛利家全盛期の版図（元就～輝元時代）

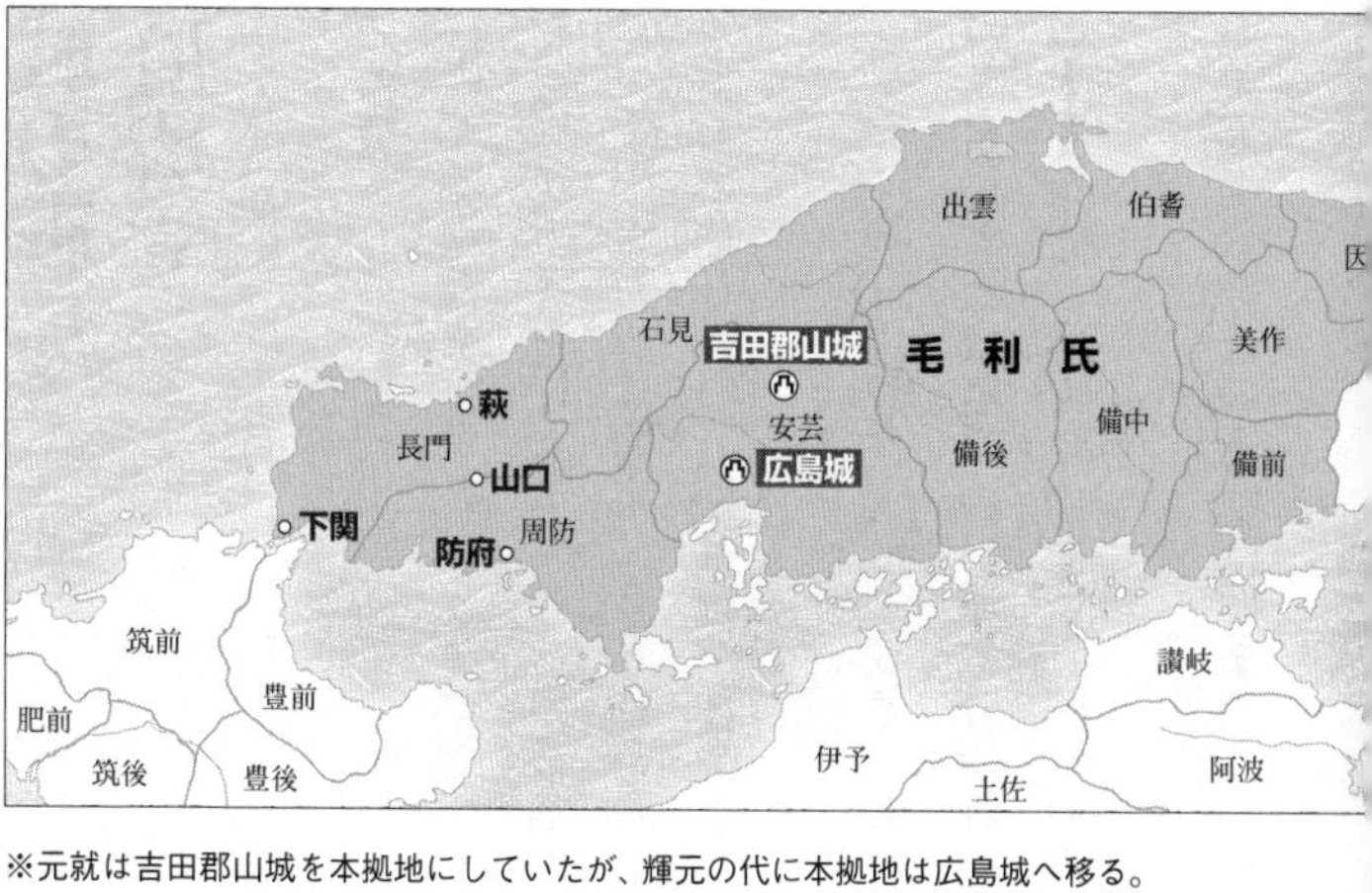

※元就は吉田郡山城を本拠地にしていたが、輝元の代に本拠地は広島城へ移る。

毛利一族が動かした大決戦の戦局
関ヶ原の戦いと江戸幕府成立

毛利一族は西軍に加担し、総勢3万を超える大軍で参戦

豊臣秀吉が天下を統一すると、毛利家はその政権下で重きをなす存在となった。毛利輝元は、徳川家康・前田利家・宇喜多《うきた》秀家・上杉景勝《かげかつ》と並ぶ重臣となり、この5名が後世「五大老」と称されることになる。五大老で一番の実力者は関東に250万石を持つ徳川家康で、安芸120万石の毛利輝元、会津120万石の上杉景勝が2番手で続いていた。

しかし、慶長3年(1598)に秀吉が病死し、翌年に前田利家も病死すると、この体制に揺るぎが生じる。支柱をなくした豊臣家は、文治派と武断派の二派に分かれ、内部分裂を始めたのである。この争いは、全国の大名を巻き込んでの大戦「関ヶ原の戦い」へと発展する。

そして慶長5年(1600)、9月15日、いよいよ天下分け目の合戦は始まった。東軍の総大将は徳川家康。これに福島正《まさ》則《のり》・黒田長政・細川忠興《ただおき》・藤堂高虎《とうどうたかとら》といった大名たちが加勢した。一方の西軍は、石田三成を筆頭に大谷吉継・小西《こにし》行長《ゆきなが》・長束正家《なつかまさいえ》らが加勢。五大老の有力者であった毛利輝元、上杉景勝、宇喜多秀家の３人も西軍に味方することとなった。

毛利輝元は、石田三成に請われて西軍の総大将に就任したが、関ヶ原の戦場（岐阜県）には赴かず大坂城の守備にあたり、豊臣秀頼（秀吉の子）警護の役目を担った。その代わり、関ヶ原には輝元の従弟《いとこ》にあたる毛利秀元《ひでもと》（元就の四男の子）と、吉川広家《きっかわひろいえ》、小早川秀秋《ひであき》

関ヶ原の戦い後の毛利家版図

合戦の後、家康は味方した大名を優遇し、敵対した大名を減封・改易処分。毛利家は西軍の総大将となったため37万石へ大幅に減封された（詳細はP21～23で解説）。

が出陣した。総勢3万を超える大軍は、毛利家の軍事力を世に広く知らしめる規模といえた。

関ヶ原の戦場で、毛利軍本隊の毛利秀元と吉川広家約2万は、東南の南宮《なんぐう》山に布陣。ここは徳川家康の本隊の背後をうかがう位置だった。そして小早川秀秋の軍勢約1万5000は、西軍の右翼後方の松尾《まつお》山に布陣した。毛利一族だけで西軍全体の3割に相当する戦力であり、そのまま戦っていれば西軍が勝っていただろう。

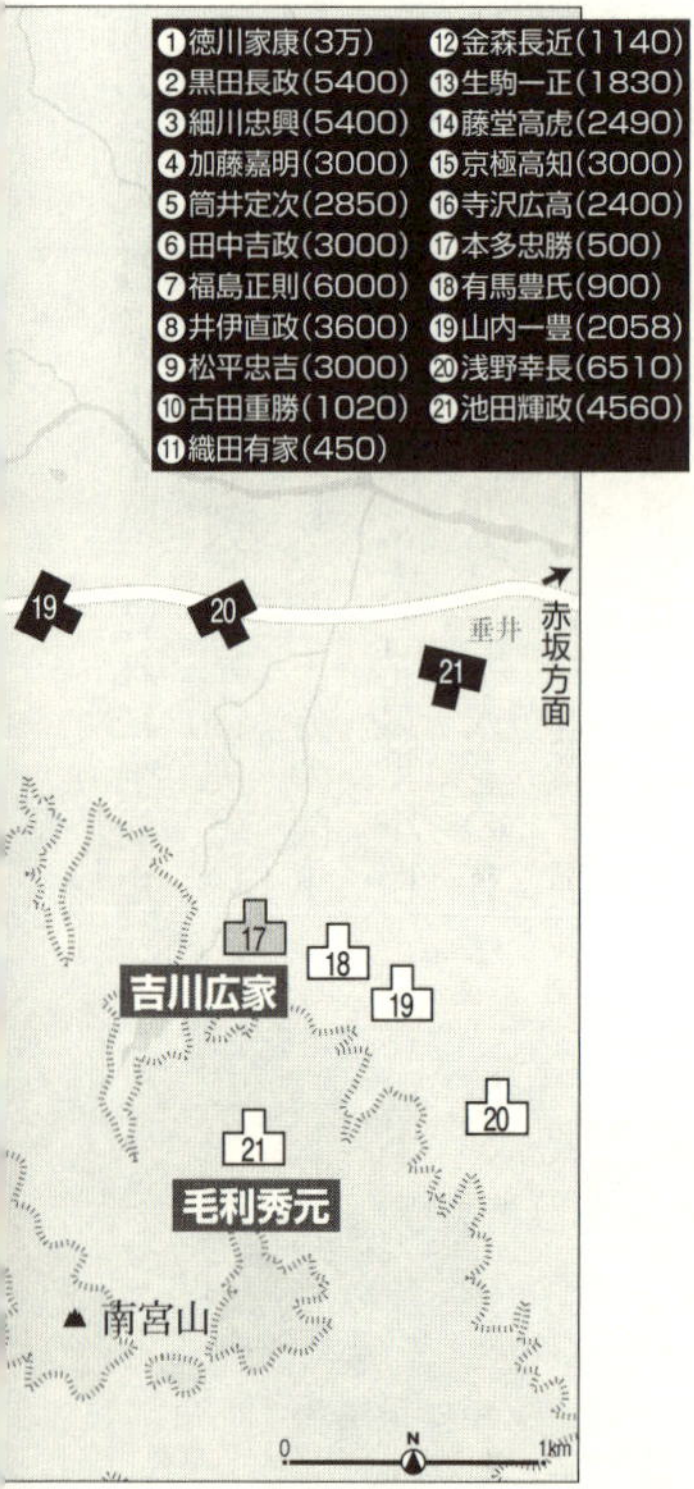

関ヶ原の戦い布陣図

この布陣図だけを見れば、西軍が東軍を完全に包囲する形となっており、西軍の勝利は揺るぎないものに見える。しかし、東軍の背後をとった毛利軍(吉川広家・毛利秀元)は傍観に徹して参戦しなかった。毛利秀元は従兄・吉川広家の東軍への内通に気付いていなかった。西軍の右翼後方にいた小早川秀秋は、激戦のさなか味方の側面を突く裏切り行為に出た。毛利一族の行動が、関ヶ原の勝敗を左右したのである。

勝敗の行方を左右した土壇場での傍観と裏切り

だが、結果は逆だった。吉川広家はもともと、徳川家康や黒田長政と仲が良く、合戦の前にすでに東軍へ内通していたのだ。ゆえに合戦が始まっても南宮山から下りず傍観に終始。その後方に居た毛利秀元は、前に居る広家が動かないため身動きが取れず、戦況も掴めないまま合戦は終わった。毛利軍の傍観により、家康はじめ東軍諸将は、背後を気にすることなく戦うことができたのである。

そして松尾山の小早川秀秋も、合戦をしばし傍観していた。秀秋もあらかじめ東軍に内通していたが、西軍が優勢であったため、どちらに味方するか決めかねていたのである。

しかし、開戦から4時間後、ついに山を駆け下り西軍・大谷吉継の側面へ攻めかかった。突然側面を突かれた西軍は崩れ始め、形勢は一気に東軍有利に傾く。秀秋に呼応して4人の将も寝返り、夕刻までに西軍は壊滅。石田三成は戦場を離脱した。

こうして関ヶ原の戦いは東軍の勝利に終わり、天下を取った徳川家康は3年後に江戸幕府を開くのである。

かろうじて取り潰しを免れた毛利家
長州藩、苦難のなかの誕生

領地を4分の1に減らされたその理由とは何か？

美濃（岐阜県）において行われた関ヶ原の戦いは、東軍の勝利に終わった。傍観に徹した毛利軍は戦わずに戦場を離脱する。その報せは、ただちに大坂城にいる西軍総大将・毛利輝元のもとへ届けられた。

輝元は迷った。「関ヶ原で西軍が敗れた以上、抵抗は無駄であろう。とはいえ、まだ大坂城には秀頼様と自分が居る。籠城して諸将に参戦を呼びかければ十分対抗できるだろう」と。実際、関ヶ原で戦わずに終わった従弟の毛利秀元は徹底抗戦を望んでおり、輝元もそれに応えたい気持ちはあった。しかし、東軍に内応した張本人である吉川広家は「輝元の西軍総大将就任は本人が望むところにあらず」と、家康に弁明する。家康はこれを許し、「輝元は名目上の総大将に担ぎ上げられたに過ぎないと聞く。毛利の本領は安堵する」との書状を大坂城の輝元に送付した。

家康が行った関ヶ原後の敵軍への処罰

毛利輝元 安芸・広島	**120**	**→ 周防・長門**	**37**
上杉景勝 陸奥・会津	120	→ 出羽・米沢	30
佐竹義宣 常陸・水戸	54	→ 出羽・秋田	20
長宗我部盛親 土佐・浦戸	22	→ 没収	
長束正家 近江・水口	5	→ 没収	
島津義弘 薩摩・鹿児島	56	→ 薩摩・鹿児島	56
豊臣秀頼 摂津・大坂	220	→ 摂津・大坂	65

これで毛利家は安泰である。そう安心した輝元は抵抗をやめ、合戦から10日後の9月24日に大坂城を退去した。その後、家康は輝元に代わって大坂城へ入城し、戦後処理に入る。ここで家康は、西軍に加担した諸将を徹底的に弾圧にかかり、反乱の芽をつぶしにかかった。まず、西軍の首謀者である石田三成・小西行長・安国寺恵瓊《あんこくじえけい》の３人は打ち首とし、その領地を没収した。五大老だった宇喜多秀家は57万石の領地を没収し、八丈島へ流罪。上杉景勝を会津１２０万石から米沢30万石へ減封する。

そして、魔の手は毛利家にも伸びてきた。輝元が西軍総大将として積極的に活動していた証拠となる書状が多数発見されたためである。家康は「先の吉川広家の弁明は事実ではなかった。西軍の総大将となった罪は重い。よって毛利家は改易とし、吉川広家には周防・長門の2カ国37万石を与える」と通告した。これを受けた吉川広家は仰天し、毛利本家存続のため必死の懇願を試みる。

「私に対する御恩顧は決して忘れませんが、何とぞ毛利本家を残して戴きたく御願い申し上げます。万一、輝元が徳川に対し弓引くようなことがあれば、私が輝元の首を取って差し出す覚悟でございます」と、家康に直談判したのである。10月10日、この熱意に家康も折れ、広家に与えられるはずだった周防・長門の2カ国を毛利本家に与え、輝元・秀就《ひでなり》父子の命を保障すると約束した。

「関ヶ原」から3年後の慶長8年（1603）、徳川家康は江戸に全国の大名を統括する幕府を開く。そして慶長20年（1615）には「大坂の陣」によって豊臣家を滅ぼし、名実とも天下人の座についたのである。毛利ほか諸大名は徳川家から「領地（藩）を預かる」という形となり、「幕藩《ばくはん》体制」が始まった。

広家の嘆願により、お家の存続を許された毛利家はその後、本拠地・長門の一字から「長州藩」と通称されることになる。しかし、元就以来から守り抜いてきた120万石を、周防・長門37万石のみ（P17地図）に減らされた恨みは、江戸時代を通じ長州・毛利家に根付くこととなる。

泰平の眠りを謳歌する日本に向けて迫り来る列強国の船団

幕府の鎖国政策によって泰平の世が守られていた日本

徳川家康によって開かれた江戸幕府による統治は、250年以上という長期にわたる泰平の世を日本にもたらした。徳川家の当主は「征夷大将軍」として君臨し、各大名はその将軍に臣従した。毛利家は長州藩、島津家は薩摩藩といった形で、それぞれ将軍から与えられた領地を「藩」として経営した。この幕府と藩の関係を「幕藩体制」と呼ぶ。

幕府は大名と藩を厳しく統制することも忘れなかった。その代表的な政策が、いわゆる「鎖国」だ。外国との取引を一切禁じるとともに、日本人が外国へ行くことも、外国人の日本入国も禁じたのである。

幕府が鎖国を行った理由としては、ヨーロッパ諸国による日本侵略を防ぐという狙いはもちろん、諸藩が勝手に外国と交易して経済力を養うことを防ぐため、また外国人によるキリスト教の布教を許さないためでもあった。キリスト教徒が中心となって幕府に反乱を起こした「島原の乱」(1637年)もその原因だった。

ただし、幕府は完全な形での「鎖国」を行っていたわけではない。幕府の直轄地であった長崎に限定し、清(中国)とオランダの2カ国のみと貿易を行なった。また、対馬《つしま》藩(長崎県対馬市)は李氏《りし》朝鮮と、松前藩(北海道松前郡)は蝦夷《えぞ》のアイヌと、薩摩藩は琉球王国(沖縄)と、それぞれに交易を認めた。そのため、江戸時代の日本は「鎖国」という言葉ほどには外国との窓口を閉ざしていたわけではなく、諸外国の情報や文物は限定的ながらも入手していた。この鎖国政策のおかげもあって日本は外圧から逃れ、泰平の世を謳歌できていたことも事実である。

寛永16年(1639)、ポルトガル船の入港を禁止してから100年以上、中国とオランダ以外の外国船の来航は途絶えていたが、18世紀後半に入ると西欧の列強国はアジア進出を狙い、日本に対しても交易や補給を求めるようになり、船の来航が相次ぐようになった。

安永7年(1778)、ロシア人・ラストチキンの商船が蝦夷の厚岸《あっけし》に来航し、寛政3年(1791)にはアメリカの探検家・ケンドリックが紀伊大島に到着、11日間滞在した。

寛政4年（1792）、ロシア人のアダム・ラクスマンが漂流民である大黒屋光太夫《だいこくやこうだゆう》ら3名を連れて根室に上陸。初めて正式に国交を要求したが、幕府は拒否し、一時的に長崎への入港許可証を出すにとどめた。

アヘン戦争で清が敗北し列強の圧力が日本を襲う

19世紀に入ると、ロシア、フランス、アメリカの船が前にも増して来航するようになる。幕府は「異国船打払令《うちはらいれい》」を出し、「接近する外国船があれば砲撃して追い払う」という姿勢をとるが、天保11年（1840）、アヘン戦争で清がイギリスに敗れたという報告がもたらされる。隣国ともいえる、アジアの大国の敗戦にショックを受けた幕府は異国船の来航に態度を軟化せざるを得なくなった。

以来、幕府は方針を転換し、異国船が望めば薪や水の補給だけは認める「薪水給与令《しんすいきゅうよれい》」を新たに打ち出す。この幕府の態度軟化は、それから約10年後に訪れる「開国」の大きな要因となるのである。

最初に開国を要求したのはロシアだった

オランダ以外の西洋諸国に対して国を閉ざしていた幕府に、開国と通商を最初に求めて来たのは、貿易の拡大と領土拡張を図っていたロシアだった。まず、寛政4年（1792）アダム・ラクスマンが根室に来航するが、幕府は「異国船の入港は長崎以外で認めない」として、長崎入港の許可書を与えただけで帰した。それから12年後の文化元年（1804）の9月、ラクスマンに交付した信牌の写しとロシア皇帝アレクサンドル1世の親書を携えてニコライ・レザノフが長崎に来航。レザノフは翌年3月まで滞在して交渉を求めたが、幕府は親書を受理せずに退去を命じ、やはり鎖国体制を貫いた。ペリー来航の50年前のことだった。

ついに黒船艦隊が日本上陸
ペリーはなぜ開国を迫ったのか？

ペリー来航の7年前に黒船は一度浦賀に来ていた

当時、産業革命によってアメリカ国内では工場やオフィスが夜遅くまで稼動するようになっていた。

昼夜を問わず灯りがともるランプ、機械を動かすための油には、主にマッコウクジラの鯨油《げいゆ》が使われた。欧米諸国は太平洋に進出して捕鯨を盛んに行っており、そのためにも長期航海の補給拠点が必要とされた。そこでアメリカが白羽の矢を立てたのが日本だったのである。

日本人にとって、ペリー来航の衝撃があまりに強いためか、それ以前にアメリカの黒船が浦賀に来航していたことはあまり知られていない。

弘化3年（1846）閏《うるう》5月27日、アメリカ東インド艦隊のジェームズ・ビッドル提督は、全長75mの巨艦コロンバス号などの軍艦2隻で江戸湾の浦賀沖に来航した。

果たして浦賀奉行は「国禁により通商は許されない」と上陸を許さなかった。「薪水給与令」により、水・食糧・燃料だけを受け取った返礼にビッドルが日本側の舟に乗ろうとすると、通訳のまずさから意志が伝わらず、傍にいた警護の武士がビッドルを突き飛ばし、刀を抜いた。そんな一幕があったが、ビッドルは日本の開国の意志を確かめる任を帯びていたため、怒りを鎮め帰国した。

これを聞いたアメリカのフィルモア大統領は、今度こそ開国させよとの意志をペリーに伝え、日本の将軍宛ての親書を預ける。当時58歳のペリーは、

※日付は西暦

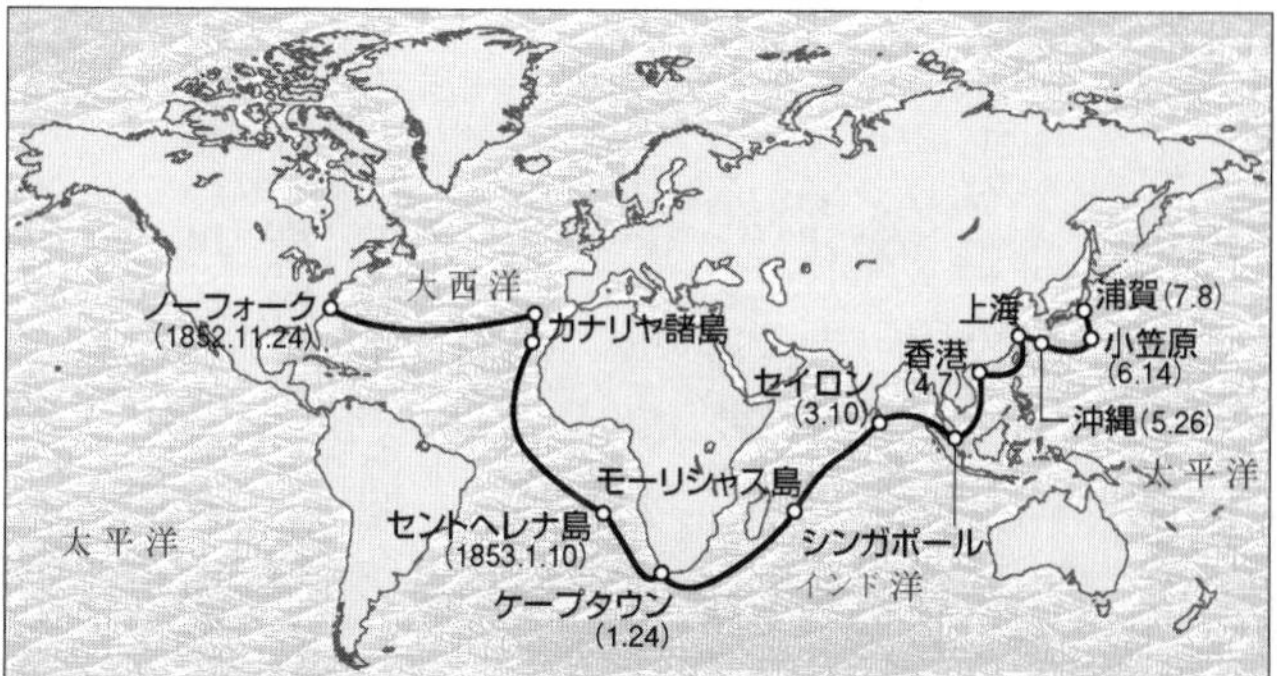

ペリー率いる東インド艦隊の航路。日本に来る直前、琉球(沖縄)に上陸、首里城へ入城し、琉球国王に対し示威行動を行った。オランダの妨害が予想されたため、長崎には行かず江戸湾(浦賀)を目指した。

東インド艦隊を率いてアメリカ東海岸のノーフォークを出航。約8カ月かけて日本へ到着した。

嘉永6年（1853）6月3日、浦賀沖に4隻の黒船が現れた。外輪と蒸気機関を使い、高速で航行し、煙突からはもうもうと煙を上げる、最新鋭の蒸気船であった。黒船は合計73門の大砲を備えており、浦賀湾内で数十発の空砲を撃ち鳴らした。

将軍が病に伏せるなか早期返答を迫られ開国へ

この一大事に、江戸城の十二代将軍・徳川家慶《いえよし》は病床に伏せていた。そこで老中首座の阿部正弘が対応にあたり、ひとまず親書を受け取るよう浦賀奉行に命じた。浦賀奉行の戸田氏栄《うじよし》は6月9日、ペリーに久里浜へ上陸するよう指示し、そこに上陸したペリーから親書を受け取った。戸田は「将軍が病気のため決定できない」と、返答に1年の猶予を要求。ペリーは「では1年後に再来航する」と告げ、来航から10日後に中継拠点の香港へと引きあげた。

ほどなくして将軍・家慶が病死し、騒然となるなかで阿部は頭を悩ませ、江戸湾防備のための台場建造や軍艦の建造などを行った。しかし、これといって有効な策を見い出せずにいるうちに半年が経ってしまい、翌1月16日にペリーは再度来航した。日本の混乱の隙を突くことで早期返答を迫ったのだ。

1年後に来ると思っていた幕府は大いに驚いた。阿部は事態を穏便にまとめるため、ペリー艦隊を横浜へ上陸させ、開国要求をひとまず受け入れる形で承認し、「日米和親条約」を締結した。これで約200年間続いた日本の鎖国は終わりを告げたのである。

ペリーの上陸地点　翌年、ペリーが再来航すると幕府は横浜への上陸を指示。日米和親条約が締結され、横浜は国際港の第一歩を踏み出した。

ペルリ提督以下横濱上陸の情景　個人蔵

徳川将軍家の系譜と役割
そして天皇の関わりを知る

幕府将軍も天皇を守るための朝廷の役職にすぎなかった

古くから続く日本の象徴である天皇と、時の権力者との関係は不思議なバランスのもとに両立していた。

鎌倉時代の源頼朝、室町時代の足利尊氏に始まる、長年の武家社会において、時に権力者らの影に隠れはしたが、天皇家は彼らに滅ぼされることも取って代わられることもない、特別な存在であり続けたのだ。

しかし、江戸時代、天皇家の石高《こくだか》は1〜3万石に過ぎず直属の兵も持たなかった。政治の実権は江戸城の徳川家（幕府）が握り、京都の天皇家は将軍家の正当性を保証するために存在しているようなものであった。

それというのも、元和元年（1615）、徳川家康が「禁中並公家諸法度《きんちゅうならびにくげしょはっと》」を公布し、朝廷の権力を制限したからである。内容は「天子が修めるべきものの第一は学問である」など17条からなる取り決めであった。それまでの長い歴史の中で、天皇は法をも超えた存在とされ、このように規制を受けたのは前代未聞の出来事だった。しかし、このように実権を失いながらも、天皇は元号を決定する最終的権限を持ち、将軍や大名の官位も、全て天皇から任命されることに変わりはなかった。

日本古来の「征夷大将軍《せいいたいしょうぐん》」とて朝廷の役職のひとつに過ぎず、天皇に任命されて就任するものだった。つまり、将軍といえども天皇家を守る存在であり、国のトップである天皇に政治・外交を委任されている存在にほかならなかった。やがて尊王攘夷《そんのうじょうい》思想が人々の間に浸透し、度重なる飢饉や災害、異国船接近という驚異で幕府が動揺すると、天皇の権威が見直されるようになる。

決定的となったのが、嘉永6年（1853）のペリー来航だ。結果として江戸幕府は独断でこの国難に対処することができず、京都の朝廷＝天皇に報告して裁可を仰いだ。この事態こそ〝幕末の始まり〟といわれるように、幕府の権威低下が急激に始まった瞬間であった。

時の帝は、第百二十一代の孝明天皇であった。孝明天皇は気概に満ちた天皇であり、ペリー来航より7年前に「異国人は神国日本に近づく事すら許されない」と、攘夷令《じょうい》を出し、幕府に命じている。以来、「攘夷は、お上（天皇）の意志である」という思想が人々の間に根付いたのだ。

しかし、幕府も諸大名も具体的な攘夷の手段を用意できないまま、ペリー来航を迎えてしまった。この時、幕府が動揺して腰の引けた対応になったのには純然たる理由もあった。第十二代将軍・徳川家慶《いえよし》が病に倒れ、死の床に伏せていたのである。

幕末の三将軍は日本の危難にどう対処したのか

家慶は決して暗愚ではなかった。25歳の阿部正弘を老中として抜擢し、対外的脅威が深刻化するなか、幕臣や外様大名から庶民に至るまで、広く意見を募って対処させる意欲を見せた。しかし、家慶はペリー来航に前後して暑気あたりで倒れてしまう。開国要求と黒船の性能などを聞き、そのショックで倒れたとする説もある。ペリーがアメリカ大統領からの親書を渡し、一旦引きあげたのが6月12日のことで、病床にあった家慶はそれから10日後の6月22日、61歳で息をひきとってしまった。

その後を受け、十三代将軍には家慶の実子・家定《いえさだ》が就任した。家定は病床の父に自ら粥《かゆ》を作って持って行くなど優しい心を持っていたが、脳や身体に障害があったといわれる。安政4年（1857）、アメリカ公使・ハリスと江戸城で面会したとき、言葉を発する前に頭を後ろに反らし、足を踏み鳴らす行為をしたという記録も残るように、普通に会話もできなかった可能性がある。薩摩藩から天璋院《てんしょういん》（篤姫《あつひめ》）を正室に迎えたが、身体が弱く世継ぎができないまま、在位5年後にして35歳で病死。

第十四代将軍になったのは、紀州徳川家から養子として迎えた徳川家茂《いえもち》であった。家茂の時代には、幕府と朝廷の結びつきを強め、ともに国難に対処していこうとする「公武合体《こうぶがったい》」政策が進められていた。その一環として、家茂は文久2年（1862）、孝明天皇の妹・和宮《かずのみや》を正室に迎えた。そし

徳川幕府の要職図

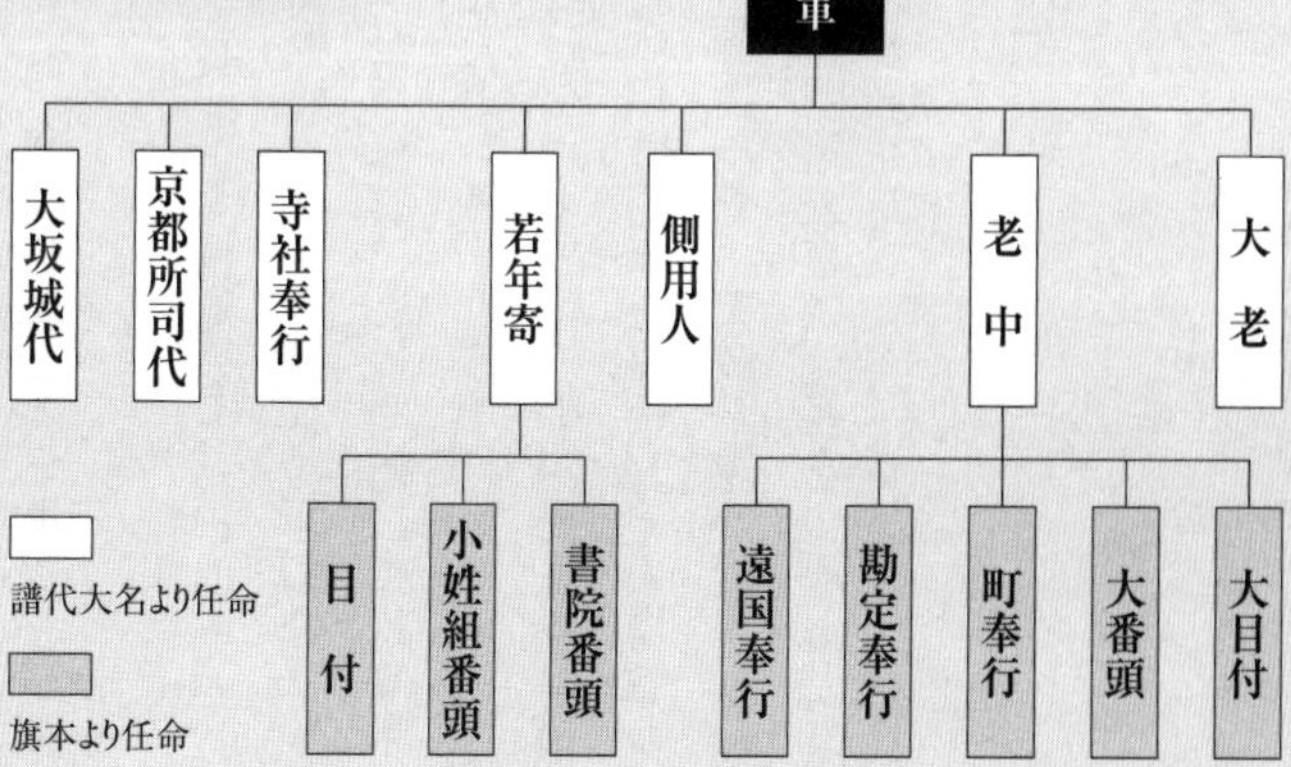

て翌年、将軍としては230年ぶりとなる上洛を果たし、義兄にあたる孝明天皇に攘夷を誓った。

慶応2年（1866）7月、家茂は大坂城で第二次幕長戦争の指揮をとっていたが、病に倒れて亡くなった。文武ともに陣頭指揮をとる気概にあふれ、歴代将軍のなかでも稀な存在だったが、21歳での病没はあまりに早かった。幕府にとって痛恨の出来事で、彼を頼りにしていた孝明天皇も大いに嘆き悲しんだという。

その孝明天皇も同年12月、天然痘にかかり36歳で没した。十三代・十四代将軍の相次ぐ死および親・幕府派の孝明天皇の死は、幕府の弱体化に拍車をかけ、その崩壊と明治維新の到来の大きな要因になったのは間違いないところだ。大政奉還が行われた年、孝明天皇の跡を継いだ明治天皇はまだ16歳だった。明治天皇は薩長を中心とした討幕軍の旗頭としてまつり上げられ、次代の象徴となったのである。

第一章「江戸時代と長州藩の成り立ち」の出来事

明応6年（1497）　毛利元就誕生
弘治元年（1555）　毛利元就、厳島の戦いで陶晴賢を敗る
元亀2年（1571）　毛利元就、死去
天正10年（1582）　6月2日、明智光秀が本能寺の変を起こす。織田信長は自刃
慶長3年（1598）　豊臣秀吉、死去
慶長5年（1600）　9月15日、関ヶ原の戦い。
　毛利輝元は西軍の総大将として参加10月、毛利秀就が長州藩初代藩主となる
慶長8年（1603）　徳川家康が征夷大将軍となり、江戸幕府を開く
慶長19年（1614）　大坂冬の陣
慶長20年（1615）　大坂夏の陣。豊臣家滅亡
寛永14年（1637）　12月11日、キリスト教再興を目的とした島原の乱が勃発
寛永16年（1639）　ポルトガル船の来航を禁止
寛永18年（1641）　鎖国の完成
寛政4年（1792）　ロシア使節、アダム・ラクスマンが根室に来航し通商を要求
文化元年（1804）　9月、ロシア使節、ニコライ・レザノフが長崎に来航し、通商を要求
天保11年（1840）　アヘン戦争。清がイギリスに敗れる
弘化3年（1846）　5月27日、アメリカ東インド艦隊のジェームズ・ビッドル提督が浦賀沖に来航
嘉永6年（1853）　6月3日、マシュー・ペリーが浦賀沖に4隻の黒船で来航。
　6月9日、ペリーが久里浜に上陸し、浦賀奉行の戸田氏栄と会見
嘉永7年（1854）　1月16日、ペリーが再度来航。日米和親条約を締結し、鎖国が終わる

第二章　幕末の始まりと〝志士〟の登場

開国に至る最中で沸き立った尊王攘夷とは何か？

独断で開国した幕府に対し反発が強まり、志士が現れる

ペリーは日本を開国させたが、正式な通商を結ぶことには失敗した。彼が日本と結んだ「日米和親条約《にちべいわしんじょうやく》」は、下田と箱館を開港させたが、自由な通商に関する約束は、いまだ何もされていない状況であったのだ。

和親条約の締結から2年後の安政3年（1856）、改めて自由通商の交渉を行うべく、タウンゼント・ハリスが総領事として日本へ派遣されてきた。幕府は正式な開国を拒否しようと、返答を引き延ばすが、ハリスは粘り強い交渉によって江戸城への登城、新将軍・徳川家定（第十三代）との謁見にも成功。そして安政5年（1858）、幕府は朝廷からの許しを待たずに、「日米修好通商条約《しゅうこうつうしょう》」を締結した。これを皮切りに幕府は同様の条約を、イギリス・フランス・オランダ・ロシアとも結んでいく（安政《あんせい》の五カ国条約）。

これに対し、世論が爆発した。「外国との戦争になっては日本の危機だ。開国はやむを得ない」と賛同する声に対し、「孝明天皇が攘夷《じょうい》を望んでいるのに、幕府は朝廷の許しもなく開国した」と騒ぎ出したのは、水戸藩・長州藩・薩摩藩を中心とする「尊王攘夷派《そんのうじょうい》」の知識人であり、それに影響を受けた若者たちであった。これ以降、藩という枠組みに関係なく活動する若者らを指す「志士《しし》」という存在が現れたのである。

尊王攘夷はどこから来てどのように広まったのか？

黒船来航以後、「日本を外国の侵略から守れ」という思想は急激に高まっていた。「尊王攘夷」をスローガンに京都へ集結し、開国派・佐幕派の者とみれば、「天誅《てんちゅう》」（天・天皇に変わって成敗する）と叫んで片っ端から斬り捨てるという過激な行動に出る者たちが現れるようになる。

尊王は「王を尊ぶ」、攘夷は「夷を打ち攘《はら》う」という意味が込められている。日本の王とは天皇のこと、「夷」とは外敵、つまり外国人のことだ。これに対し、「幕府を補佐する」という思想の「佐幕派」と、「開国すべきである」という「開国派」の思想と

そもそも「尊王」と「攘夷」とは別個の考えだった
《江戸時代の思想》

尊王　王(天皇)を尊ぶ思想

佐幕　幕府を補佐しようとする思想

倒幕　幕府を倒そうとする思想

攘夷　夷人(外国人)を打ち攘おうとの思想

開国　諸外国と交易すべきとの思想

対立する形になった。

尊王も攘夷も、もとは古代中国の思想から来た言葉だ。それらが「儒学」の伝来によって日本に輸入され、江戸時代に体系化した学問として広まって日本人の間に定着。「天皇の国、神国である日本を異国人に汚されてはならない」という民族意識を高める意味でも重要な言葉であった。

この思想の総本山は徳川御三家《ごさんけ》のひとつ、水戸藩だった。水戸藩(水戸徳川家)は江戸時代の初めに徳川家康の十一男・徳川頼房《よりふさ》によって立藩した親藩《しんぱん》である。二代目藩主は「水戸黄門」として知られる徳川光圀《みつくに》で、彼は儒学を発展させた「水戸学」を藩士たちに奨励した。幕末において、幕政に大きく関わった徳川斉昭《なりあき》(第九代目の水戸藩主)や、その息子・徳川慶喜(後の十五代将軍)も影響を強く受けていた。当の幕府内にも「佐幕」ばかりとは限らず「尊王攘夷」の思想を持つ者が多く、幕府存亡の危機を迎えるにあたり、議論が沸騰してゆくことになる。

幕末日本を動かした大組織
徳川幕府の衰退と雄藩の台頭

村田清風や調所広郷など優れた指導者が藩を立て直した

幕末を迎え、徳川幕府の権威が衰えるに従って歴史の表舞台に登場してくるのが「雄藩《ゆうはん》」という存在だ。経済力・兵力に優れ、影響力の強い藩をそのように称したものである。

とりわけ外様《とざま》大名は、戦国時代からの家臣団の結束力が高く、幕府への反発心も強かったため、いくつかが雄藩へと成長を遂げた。幕末には薩摩藩・肥前藩・土佐藩などが時代をリードした。そして、その雄藩から優れた「志士」が現れるのである。長州藩も雄藩のひとつであった。

関ヶ原の戦い後、毛利家が120万石から37万石に減封されたことは、すでに述べた。石高《こくだか》とは土地の生産性を石という単位で表したもの。「1年間にそれだけの人を養える収入がある」ことを示した数字である。これが4分の1になっては、今までのように大勢の家来を養うことは不可能になる。

毛利輝元は広島から長門の萩へ移る際、「ついて来なくても良い」と言ったが、元就以来からの家臣たちのほとんどが付き従った。三方を山に囲まれ、日本海に面した痩せた土地である萩への移転も徳川幕府の命令だった。道中は家財道具を運ぶ人の群れで混雑し、下級武士のなかには農民になって山野を開墾する者も多かった。長州藩では、新年拝賀の席で家老が「今年は倒幕の機はいかに」と藩主にうかがいを立て、藩主はそれに対し「時期尚早」と答えるのが習わしになったという俗説もある。

そのように結束の強い家臣団だけに、ほどなく幕府に届け出た37万石は軽く超え、慶長18年（1613）には50万石、貞享4年（1687）には80万石を超えるまでになった。長州は幕府に届け出た石高より、はるかに高い生産高を実収入として得るようになったのである。

そして、何より長州が雄藩になりえたのは、生産高の向上ばかりでなく財政改革に成功したためである。その改革の指導者が、毛利斉房《なりふさ》から敬親《たかちか》まで五代にわたって仕えた村田清風《せいふう》だ。長州藩は長らく慢性的な借財に苦しんでおり、歳入額に対して約20倍の借金があった。清風は徹底した倹約および、武士の負債整理

幕末の代表的な藩と石高

「関ヶ原の戦い」後、徳川幕府は大名家を3種に分けた。合戦前から徳川家の家臣だった大名を「譜代」、それまで敵対していた大名を「外様」、親族（徳川家と松平家）を「親藩」とした。外様大名が反乱を起こさないよう譜代を要地に配し、バランスを保った。外様は幕府の要職には就けなかったが、高い石高を持っていた。

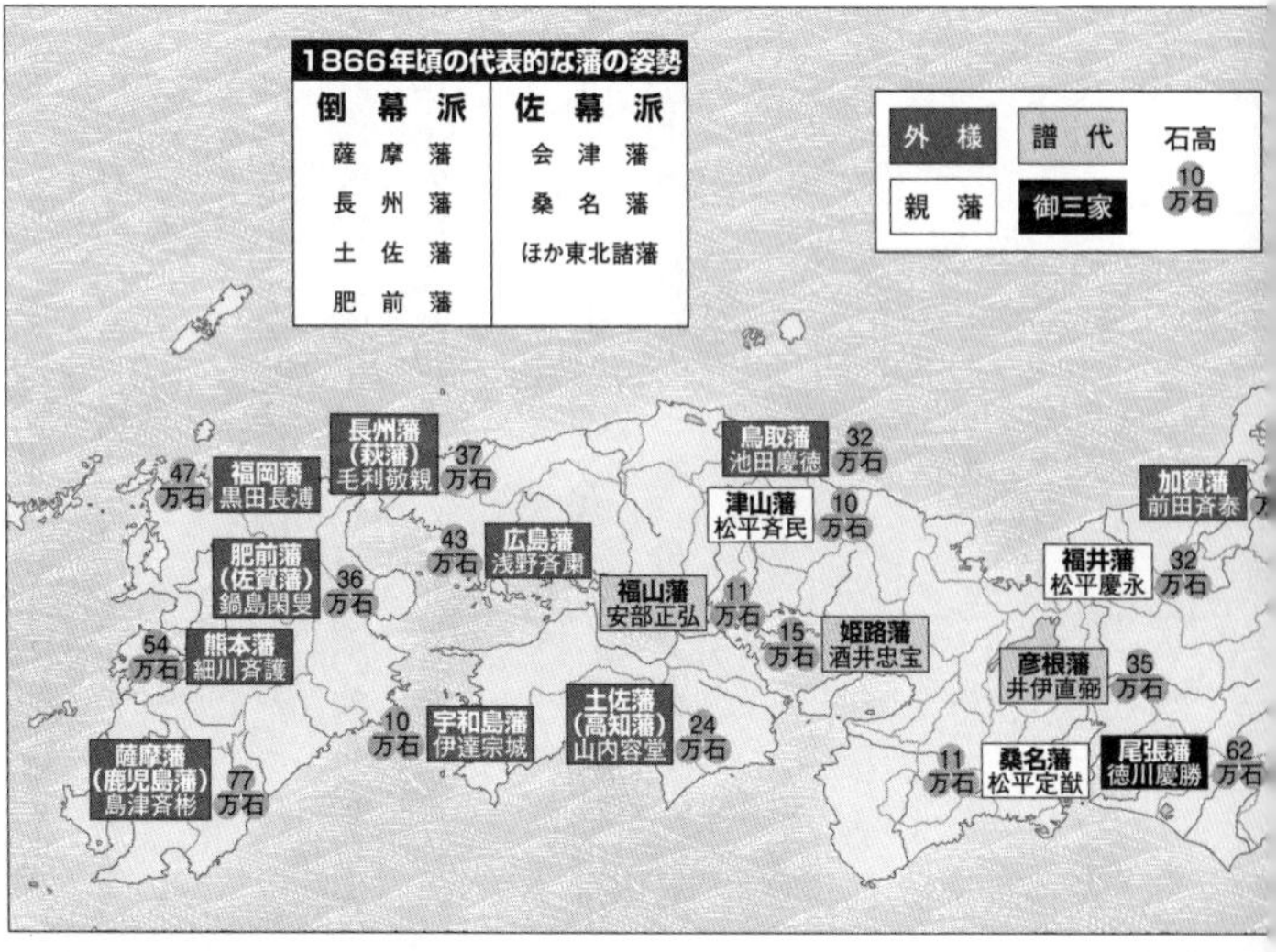

と士風の一新、四白《しはく》政策（紙・蝋・米・塩）の振興を行う。その結果、長年の弊害を取り除いて出費を節約し、藩政は一新。士気は大いに高められ、後に長州藩が雄藩となる基礎を築き上げたと評価される。

長州と同様、薩摩藩も500万両にも及ぶ膨大な借金を抱えて破綻寸前だった。これに対し、家老の調所広郷《ずしょひろさと》が改革にあたり、薩摩藩の金蔵に250万両の蓄えができるまでに財政が回復した。また、肥前藩では藩主の鍋島閑叟《かんそう》が自ら財政改革に乗り出し、軍備の近代化に成功した。

一方、徳川幕府でも同時期の天保12年（1841）に「天保《てんぽう》の改革」として財政再建のための諸政策を実施したが、全国的な効果が上げられなかった。雄藩が各々の範囲で財政再建に成功したこととは対照的だ。

幕末の長州藩主は名君だったのか？毛利敬親の人物像

「そうせい公」と呼ばれた殿様、11歳年下の松陰に兵学を習う

幕末の長州といえば、吉田松陰《しょういん》・高杉晋作・桂小五郎といった「志士」たちの名は次々と挙がるが、藩主の名が挙げられることはほとんどない。

長州藩主は毛利輝元の子、秀就《ひでなり》を初代とし、代々の毛利家当主によってその名跡が受け継がれていた。そして幕末の藩主は、十三代目にあたる毛利敬親《たかちか》であった。この殿様は、どのような人物だったのだろう。

敬親は十一代藩主・斉元《なりもと》の子として生まれるが、17歳の頃に父が急死し、その跡を継いで第十二代藩主となった婿養子の毛利斉広《なりひろ》も、幕府への手続きが済んでからわずか20日足らずで亡くなった。実はこの年、十代目の藩主をつとめた斉熙《なりひろ》も急死したばかり。奇妙なことに長州藩は同年に3人の藩主を亡くしているのだ。そのため急遽、敬親は19歳で第十三代藩主に就任することになった。

当時、長州が財政難に苦しんでいると聞いた敬親は木綿の質素な服装で江戸から長州入りし、領民に好感を持たれたという。また、長州に赴任した後、「百姓というのはどんなものか」と、庶民の目線に立って自ら田植えや稲刈りを行ったこともあったようである。

また、若い敬親にとって幸いだったのは、九代目から毛利家に仕える村田清風のような有能な家臣がいたことだ。清風は質素倹約と貨幣流通の改正を敬親に提案し、これを成功させて藩の財政を立て直す。その後、63歳の時に職を辞して、郷土の三隅山荘へ帰り、隠居の身に。以後、人材の育成に力を注ぎ、山荘内に開いた私塾「尊聖堂」は、多くの子弟たちが集まったという。

数年後、清風は再度藩主に乞われて出仕するが、中風に倒れてしまう。不自由な身をおして密議に預かっていたものの、病の再発によって城内にあった平安古《ひやこ》の役宅で73歳の生涯を閉じる。そして清風の死後、敬親は共に藩政改革を担った坪井九右衛門《くえもん》を登用し、政務を執らせた。

敬親が藩主となって3年後の天保11年(1840)、ひとりの少年が萩城を訪れた。その少年の名は吉田寅次郎《とらじろう》(後の松陰)。11歳にして山鹿流兵学《やまがりゅうへいがく》を指導する、教授見習

三代続けて藩主が急死し、若くして藩主となった、長州藩十三代藩主・毛利敬親。
「毛利敬親写真」　山口県文書館蔵

いとなっていたため、特別に城に招かれたのである。寅次郎の堂々とした講義を聞いて、敬親はいたく感心し、秀才ぶりを称賛。自分より11歳も若い寅次郎の門下となることを決め、毎年城に来て講義をするよう頼んだ。

「儒者の講義はありきたりの言葉ばかりが多く眠気を催すが、松陰の話は自然に膝を乗り出すようになる」と褒めたとする逸話が伝わる。

後に松陰は、安政の大獄で投獄された際に、国を憂うあまり懲罰を覚悟して藩に意見書を送っている。だが敬親はその意見書を目にした時も、「寅次郎の心を慰めてやらねばならぬ。思うことを全て書かせ、余に見せるように。採択するのは余じゃ。誰にも迷惑をかけはせぬ」と言うほど、彼を信頼していたという。

その後、長州藩は幕末動乱のなかへと飛び込んで行くが、敬親は若い者を登用して積極的に用いた。彼の政治姿勢としては家臣の意見に対して異議を唱えなかったことが有名である。常に「うん、そうせい」と返答していたため「そうせい侯」と呼ばれたほどであった。このように寛大な藩主だからこそ、長州は身分の隔てなく有能な志士に活躍の場が与えられ、彼らが明治維新への原動力と成り得たとも考えられる。

短命な藩主も多かった長州藩にあって、敬親は歴代2位の32年にわたって藩主を務めた。明治2年（1869）になって子の元徳《もとのり》に家督を譲り隠居。明治維新を見届けた後、2年後に53歳で世を去る。

長州藩の歴代藩主（毛利家当主）

毛利元就（もとなり）　**藩祖**　毛利輝元（てるもと）

代		在職期間
1	毛利秀就（ひでなり）	1600～1651
2	毛利綱広（つなひろ）	1651～1682
3	毛利吉就（よしなり）	1682～1694
4	毛利吉広（よしひろ）	1694～1707
5	毛利吉元（よしもと）	1707～1731
6	毛利宗広（むねひろ）	1731～1751
7	毛利重就（しげなり）	1751～1782
8	毛利治親（はるちか）	1782～1791
9	毛利斉房（なりふさ）	1791～1809
10	毛利斉熙（なりひろ）	1809～1824
11	毛利斉元（なりもと）	1824～1836
12	毛利斉広（なりひろ）	1836～1836
13	毛利敬親（たかちか）	1836～1869
14	毛利元徳（もとのり）	1869～1871

支藩&初代藩主（石高）

岩国藩（6万石）	吉川広家（元春三男）
長府藩（5万石）	毛利秀元（元就の孫）
清末藩（1万石）	毛利元知（秀元二男）
徳山藩（3万石）	毛利就隆（輝元三男）

〝その頃〟の長州城下に暮らした人々
吉田松陰と杉文と家族たち

幼くして秀才ぶりを発揮、萩城下で一目置かれる存在に

今も長州人のカリスマ的な存在である吉田松陰。その生い立ちは、いかなるものだったのか。

彼は文政13年（1830）8月4日、萩城下に住む杉百合之助《すぎゆりのすけ》と、妻・滝《たき》の次男として生まれた。幼名を「寅之助」といい、のちに「寅次郎」と通称される。杉家は無給通組士《むきゅうとおりくみし》という下級武士（下士《かし》）だった。下級武士のなかでは上等な部類に位置するが、知行地《ちぎょうち》（大名から与えられる領地）を持たず、給料（年俸）は26石という貧しい家柄だった。

父・百合之助は家族を養うために農業をしながら、長男・梅太郎と次男・松陰を熱心に教育した。畑仕事の合間に『論語《ろんご》』や『孟子《もうし》』など中国の古典を兄弟に音読させた。松陰は寺子屋にも通えず、兄の梅太郎と一緒に独学で学問に励んでいた。

そんな松陰に転機が訪れたのは6歳の頃。松陰には2人の叔父(父の弟たち)がいて、ひとりは吉田大助という。長州の藩校・明倫館《めいりんかん》で山鹿流兵学師範を務め、藩主にも講義を行う人物だった。子がなかった大助は、兄に乞うて松陰を吉田家の養子とした矢先、29歳の若さで急死する。そのため、松陰は6歳にして吉田家の家を継ぐことになったのだ。

そして松陰には、もうひとりの叔父・玉木文之進《ぶんのしん》が兵学を教えることになった。後に最初の「松下村塾《しょうかそんじゅく》」を創始する人物だ。覚えが悪いと、そのたびに竹の鞭で叩かれるというスパルタ教育を受けたおかげか、松陰は幼くして驚異的な聡明さを発揮し始める。翌年から藩校である明倫館に家学《かがく》教授見習いとして出勤、なんと9歳にして武家の子供たちの前で講義をするようになった。さらに天保11年(1840)、11歳になった松陰は藩主・毛利敬親の御前に招かれ、臆せず「武教全書《ぶきょうぜんしょ》」を講義。それを敬親が称えたことで、たちまちにして萩城下で一目置かれる存在となった。

それから3年後の天保14年(1843)、杉家に四女・文《ふみ》が誕生。松陰とは13歳も離れた妹である。文には兄に梅太郎、寅次郎(松陰)、姉に千代、寿、艶、弟に敏三郎がいた。

15歳の頃、兄・松陰の愛弟子、久坂玄瑞に嫁いだ杉文

ほどなく、アヘン戦争で清がイギリスに大敗した報せが、日本全国を駆け巡るようになる。松陰はそれに大きなショックを受けた。なにしろ松陰が叔父から長年学び、講義していた山鹿流兵学のルーツは中国の「孫子《そんし》の兵法」である。その発祥の地、先進国であるはずの清が西欧列強に完敗したと聞いて、松陰は自分自身が井の中の蛙に過ぎないことを痛感。20歳を過ぎる頃には、西洋の文化に触れ、見聞を広めるために長州を出ることを決意するのである。

嘉永3年(1850)、松陰は長崎へ遊学。その後、江戸に遊学するが、密航に失敗して長州へ戻り、「松下村塾」を始めるのが安政4年(1857)のことだ。その年、15歳になった妹の文は松下村塾で松陰の手伝いを始めたが、ほどなく松陰の愛弟子・久坂玄瑞《くさかげんずい》との縁談が持ち上がった。玄瑞はこの年18歳。萩の藩医・久坂家の生まれで、早くに父を亡くし、当主を継いでいた。若くして秀才と騒がれた男である。玄瑞は当初、文との縁談を「好みの容姿ではない」と断ろうとした。しかし、兄弟子にあたる中谷正亮《しょうすけ》が「君は容姿で妻を選ぶのか?」と詰め寄った。また、玄瑞の才を高く評価していた松陰も縁談に賛同したため、やむなく承諾したそうである。

長州という枠組みから出て活動を始めた吉田松陰の密航計画

長崎・江戸・東北を旅して見聞を広めた松陰

嘉永3年（1850）、数えで21歳になった吉田松陰は、藩から軍学稽古の名目で許しを得ると、九州遊学に出た。平戸・長崎・熊本と旅を続けた松陰は、初めて見る風景の数々に心躍らせたことだろう。

長崎では入港中のオランダ船を見物し、日本へ入ってきたばかりの書物を購入するなど、異国文化を積極的に吸収。また、九州各地で山鹿万助・葉山佐内《さない》・宮部鼎蔵《みやべていぞう》などに会い、見識を深めていった。特に宮部鼎蔵とは、国の防衛などについて話し合い意気投合。松陰より10歳以上年上であったが、後にはともに東北旅行に出るなど生涯の親友となった。

一度萩に帰った翌年、藩主・毛利敬親の参勤交代に従って江戸へ出る。江戸では佐久間象山《しょうざん》に師事して蘭学を学んだ。松陰は蘭学の第一人者であった象山に心服し、大きな影響を受けた。熊本で知り合った肥後藩士・宮部鼎蔵とも再会し、2人は津軽海峡の視察を目的に東北遊学を決意する。しかし、出発日の約束を守るため、長州藩からの通行手形の発行を待たずに出発。そのため萩帰国後に脱藩の罪に問われ、士籍《しせき》剥奪・世禄《せろく》没収の処分を受けてしまう。

しかし、松陰の才能を知る藩主・敬親をはじめとする首脳陣は、表向きは彼を罰しながら、この機に10年間の諸国遊学許可を特別に与える。松陰は勇んで再び江戸遊学に出た。

再びの江戸遊学で黒船を目撃、アメリカ渡航を決意するが……

2度目の江戸に着いた2日後、嘉永6年(1853)6月3日、浦賀にペリー率いる黒船が来航する。松陰は、師の佐久間象山の後を追って黒船を視察に行った。先進的な文明に心を打たれつつ、「勝算甚だ少なく候」と危機を痛感している。

翌年1月、ペリー艦隊は幕府の返答を聞くために再び来航した。幕府はアメリカの開国要求に応える形で「日米和親条約」を結ぶ。朝廷の許しもなく外国の要求を受け入れてしまった幕府の対応に憤慨する者も多かった。「尊王攘夷」を唱え、過激な行動に出る者も現れるなか、松陰はもっと先を見据えていた。

「攘夷・開国などと言っている場合ではない。本当の攘夷のためには、まず異人の文化をこの目で見る必要がある。そのためには黒船に乗り、アメリカへ渡るしかない」

象山に相談したところ、大いに励まされた松陰は、弟子の金子重之輔《しげのすけ》とともに下田に回航し停泊していた黒船艦隊に小舟で接近し、手紙を渡した。手紙は通訳によって読まれたが、ペリーも日本の国禁を破るわけにはいかない。乗船を断られ、やむなく引き返した松陰だったが、乗ってきた小舟が波に流されてしまった。小舟には象山の署名入りの激励状が入っている。密航が奉行所にばれるのは時間の問題だ。松陰は自首することにした。江戸に投獄された松陰と重之輔の両名だが、一命は助けられ、ほどなくして長州へと護送される。寛大な処分がとられたのは「知識を得るために命をかけた、2人の教養ある日本人の知識欲は興味深い」と、松陰の志に感心したペリーが幕府に取りなしたからという説が伝わる。

多くの長州志士を育む養成機関の誕生
松陰、松下村塾の塾主となる

久坂玄瑞や高杉晋作ら将来を担う若者が集う

一藩士の自由な海外渡航など許されない時代、密航を企てた罪によって捕らわれた吉田松陰。しかしなんとか命だけは助けられ、江戸から護送されて萩へ帰ることができた。萩の野山獄に入れられた松陰だが、翌年には仮釈放ながら杉家に戻ることを許される。そして、久々に戻った生家の一室で父や近親者に『孟子』や『武教全書』を講じるのであった。

講義の様子は近所に広まり、それを聴こうとする若者たちが集まってきた。松陰は以前、叔父の玉木文之進が開いた「松下村塾」の名をもらい、その塾主となる。次第に手狭になったため杉家敷地の一角の家屋を改装し、新たに松下村塾を開いた。そして尊王攘夷を核として、塾は儒学や兵学、史学など幅広い学問を教授する場となっていった。

江戸時代の主な藩校・私塾

藩校	私塾
松前藩＝徴典館	京都＝明倫舎（手島堵庵）
弘前藩＝稽古館	大坂＝適塾（緒方洪庵）
米沢藩＝興譲館	大坂＝洗心洞（大塩平八郎）
仙台藩＝養賢堂	佐倉＝順天堂（佐藤泰然）
会津藩＝日新館	伊勢＝鈴屋（本居宣長）
水戸藩＝弘道館	**萩　＝松下村塾（吉田松陰）**
長州藩＝明倫館	日田＝咸宜園（広瀬淡窓）
土佐藩＝教授館	長崎＝鳴滝塾（シーボルト）
中津藩＝進脩館	江戸＝芝蘭堂（大槻玄沢）
佐賀藩＝弘道館	江戸＝慶應義塾（福澤諭吉）
熊本藩＝時習館	江戸＝天真楼（杉田玄白）
薩摩藩＝造士館	江戸＝象山書院（佐久間象山）
江戸幕府＝昌平坂学問所	江戸＝鳩居堂（大村益次郎）

塾生の顔ぶれは久坂玄瑞・高杉晋作・吉田稔麿《としまろ》・入江九一《いりえくいち》らが筆頭で、特に久坂と高杉は識の高杉、才の久坂と称えられ、「双璧」と呼ばれた。中級武士の高杉は萩の藩校・明倫館に通いながらも、松陰を慕って松下村塾を訪ねてきていた。また、伊藤博文は百姓出身だったため藩校に通うことができなかった。それで松下村塾に来たが、武士の身分でないため遠慮し、外で講義を立ち聞きしていたようである。貧乏ゆえ寺子屋に通えなかった幼い頃の松陰と同じような境遇だ。様々な境遇の塾生が、最盛期で50人ほど集まった。

松陰が後年に残した「草莽崛起《そうもうくっき》」とい

う言葉がある。「草莽」は『孟子』において草木の間に潜む隠者のことで、転じて一般大衆を表すもの。「崛起」は一斉に立ち上がることを表すもので、これには「在野の人よ、立ち上がれ」という意味がある。松陰は、藩校に通えない身分の者にも分け隔てなく教えることで、それを実践したのであった。

議論を重んじる生きた学問から軍事訓練まで行った

塾における礼儀作法はごく簡略なものだったようである。松陰はその理由を「いま世間でいうところの礼法が末に流れ、上っ面で浅薄なものとなっているから、誠心誠意、真心こもったものにしたいと考えているからだ」と書き記している。武士だけでなく農民も町民も一緒に汗を流し、身分を超えた新しい関係を育むことを松陰は望んでいたのだ。

時間割といったものはなく昼夜を問わず授業を行い、月謝も取っていなかったため、高杉晋作のように余裕のある者が金を持ってくるほどだった。実際の講義は、松陰が門弟たちに教え諭すばかりではなかった。弟子に問うことで考えさせ、積極的に発言させ、討論を是とする血の通った指導法だったようである。

また、学問だけでなく武芸も奨励した。異国と戦争にでもなれば、学問だけでは太刀打ちできないためだ。

「撃剣《げきけん》と水泳の二つは、武技のうち最も大切なものだ。わが国の周辺をしきりと外国がうかがっている今、一日たりともおろそかにできない。怠ることは慎まねばならない」とし、遠足しての軍事訓練まで行った。文武両道を地で行く、常識にとらわれない教えに若者たちは熱狂し、松陰に心酔していったのである。

松下村塾の主な塾生

個人蔵
吉田稔麿《よしだとしまろ》

国立国会図書館蔵
山田顕義《やまだあきよし》

個人蔵
久坂玄瑞《くさかげんずい》

国立国会図書館蔵
高杉晋作《たかすぎしんさく》

国立国会図書館蔵
伊藤博文《いとうひろぶみ》

国立国会図書館蔵
山県有朋《やまがたありとも》

個人蔵
品川弥二郎《しながわやじろう》

国立国会図書館蔵
前原一誠《まえばらいっせい》

松陰の門下生がそれぞれに文武を磨く
晋作、小五郎らの江戸修行

超巨大都市で切磋琢磨し学問に剣術に打ち込んだ

家康以来、徳川幕府の本拠地として繁栄を極めていた江戸。最盛期には人口100万人を超え、ロンドンやパリ以上の巨大都市だった。

全国から流入する文化・モノの集積地であったばかりでなく、教育も盛んで、幕府公認の昌平坂《しょうへいざか》学問所（神田湯島）のほか、各地に私塾・寺子屋が普及し、江戸の成人男性の識字《しきじ》率は実に7割を超えていたという。

学問はもちろんのこと、当時は武士を頂点とした武家社会のため、武術も盛んであった。特に剣術道場が多く、幕末の江戸において流派は200を超えるといわれた。

そのため全国各藩の若者たちは、こぞって江戸に出ることを望み、学問や剣術の修行に打ち込んだ。修行のみならず、人脈を広げたり見聞を広めたりする意味でもメリットは大きかった。現代風にいえば長期滞在を前提とした〝留学〟である。当時、無断で藩を出ることは脱藩と見なされ重罪だったが、藩に正式な理由を届ければ期間限定での留学が許されたのだ。吉田松陰は嘉永4年（1851）、22歳の時に藩主の参勤交代に従って初めて江戸へ出たが、彼の弟子たちの多くも、江戸に出て修行している。

松陰より3歳年下の桂小五郎（後の木戸孝允《きどたかよし》）は、松下村塾で松陰の教えを受けたことはなかったが、明倫館で兵学を学んだことがあり、「事をなすの才あり」と松陰から評される才覚の持ち主だった。彼は松陰より1年後の嘉永5年（1852）、剣術修行を名目とする江戸留学を藩に許可され、私費で江戸に旅立った。そして「江戸三大道場」のひとつ、練兵館《れんぺいかん》（神道無念流《しんとうむねんりゅう》）に入門。地元でも凄腕を誇った小五郎はめきめきと実力をつけ、入門からわずか1年で免許皆伝を得て塾頭に任命された。当時は他流試合も盛んに行われていたが、小五郎は幕府講武所の総裁・男谷精一郎《おだにせいいちろう》の直弟子と立ち合い、これを敗っている。そして藩命で帰国するまでの5年間、塾頭を務め、その名前を江戸中に轟かせたのだ。江戸では松陰とも会っており、松陰のアメリカ密航計画に同行を願い出るが、弟子を思う松陰に制止され、果たせなかった。その代わり、兵学者の江川英龍《ひでたつ》から西洋兵学・小銃術・砲台築造術を学び、さらに黒船に乗り込んだ浦賀奉行与力の中島三郎助《さぶろうすけ》から造船術を学んだりと、得るところの多い江戸修行であった。黒船が再来航して吉田松陰が密航を企てた嘉永7年(1854)、高杉晋作は藩主・毛利敬親の息子である定広(元徳)に随行して初めて江戸へ出た。当時まだ16歳であったが、以後、藩命を受けて数度にわたり江戸へ出向いている。晋作は中級武士なので公用としての江戸行きが多かったが、小五郎が塾頭を務めた練兵館にも通い、剣術修行を行った。後の彼の活躍は、この江戸修行の日々や松陰の教えがベースになったであろうことは間違いない。また、この2人だけでなく、その後の歴史を動かした幕末の偉人の多くが若い時分に修行の日々を送っていた。

幕末の主な剣術道場

名称	流派	道場主	主な門下生
江戸三大道場			
士学館	鏡新明智流	桃井春蔵	武市半平太、岡田以蔵
練兵館	神道無念流	斎藤弥九郎	桂小五郎、高杉晋作、品川弥次郎、渡辺昇
玄武館	北辰一刀流	千葉周作	清河八郎、山南敬助
千葉定吉道場	北辰一刀流	千葉定吉	坂本龍馬
浅利塾	中西派一刀流	浅利又七郎	山岡鉄舟
男谷道場	直心影流	男谷精一郎	勝海舟、島田虎之助
試衛館	天然理心流	近藤勇	土方歳三、沖田総司、井上源三郎

取り調べの場で老中暗殺を自供
吉田松陰、江戸に死す

尊攘運動を抑え込むため、井伊の「安政の大獄」始まる

吉田松陰が、松下村塾で塾生たちに教えを施していた期間は2年余りと短い。建物を構えての正式な形での塾運営は、安政4年（1857）11月から翌年12月までの、約1年に過ぎなかった。その間に何があったかといえば、まず安政5年（1858）6月に、幕府が「日米修好通商条約」をアメリカと結び、正式に開国したことだ。大老・井伊直弼《なおすけ》は当初、天皇の許可が下りるまで、なるべく条約の調印をしないよう命じていた。しかし、アメリカの総領事ハリスと直接交渉にあたっていた岩瀬忠震《いわせただなり》らは「幕府の外交に勅許は不要」として、調印に踏み切った。交渉を委任した以上、井伊も開国を了承するしかなかった。

これに対し、憤ったのが尊王攘夷を唱える知識人や志士たちである。彼らは京都へ向かい、朝廷に対して幕府の横暴を訴え出たのである。「反幕府」の声は全国に飛び火

し、各地で議論が沸騰した。この動きに朝廷の一部の公卿《くぎょう》たちも同調し、井伊の排斥運動に出る。朝廷が政治に関与してきたのは前代未聞のことだった。身の危険を察した井伊は幕権を知らしめるため先手を打った。京都に集結している尊攘派や幕府批判の志士たちを静めるべく、腹心の老中・間部詮勝《まなべあきかつ》を京都に派遣。騒ぎを起こしていた諸藩の志士をはじめ皇族・公家・僧侶・藩主・幕臣・学者・町人を片っ端から捕らえ、粛清

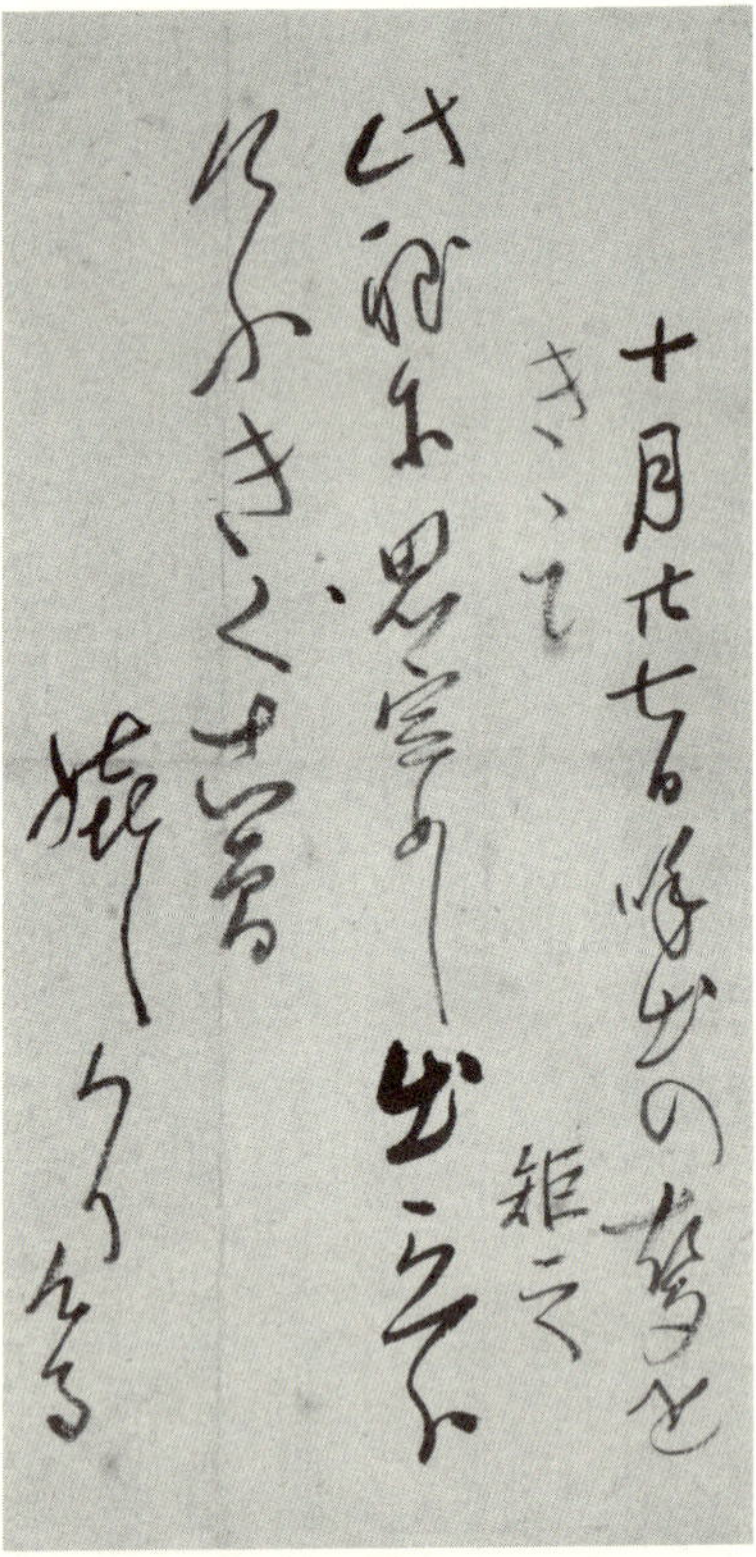

吉田松陰の絶筆。処刑当日の10月27日の日付で「このほどに 思い定めし いでたちは けふきくこそ 嬉しかりける」と刑場へ向かう心境を詠んだ。死を覚悟しており、やっとその日が来て嬉しいという意。
「吉田松陰絶筆」 山口県文書館蔵

させたのだ。その数、実に100名以上。「安政の大獄」の始まりである。

吉田松陰の狂気を塾生たちも抑えられず

そして長州では吉田松陰が、やはり幕府に対して憤りをあらわにしていた。老中の間部が朝廷に乗り込んで「安政の大獄」を行っていることを知った松陰は、尊王攘夷の思想のもと「間部を暗殺すべし」と叫び、藩の重臣・周布政之助《すふまさのすけ》に宛てて「武器・弾薬を提供していただきたい」と書き送ったほか、塾生にも決起を促した。松陰自身もまだ血気盛んな年頃。言動がエスカレートし、いよいよ歯止めが利かなくなった。驚いたのは当の塾生たち。「先生、落ち着いてください」といった内容の血判状を出して諌めた。後に倒幕思想を爆発させる長州もこの時はまだ、そこまで過激な行動に及ぼうとする者はいなかった。だが、武器の貸与まで願い出た行動を危険視した藩は、再び野山獄に松陰を投獄した。

その報は京都や江戸にも届いた。安政6年(1859)5月、井伊の命令によって松陰は江戸へ護送され、幕府の取り調べを受ける。取り調べのなか、あろうことか松陰は老中暗殺計画を自ら明かした。当初、流罪程度で許すはずだった幕府役人もこれでは見過ごせず、松陰は江戸伝馬《でんま》町の刑場で斬首される。時は安政6年(1859)10月27日の正午。享年30、生涯独身。「身はたとひ 武蔵《むさし》の野辺《のべ》に朽ちぬとも とどめ置かまし大和魂」が辞世。彼の思いは弟子たちに引き継がれてゆく。

翌年3月、井伊は江戸城へ登城中に桜田門外で水戸の脱藩浪士たちに討たれる。将軍に次ぐ最高権力者が殺されるという事態は、幕末動乱を象徴するような出来事であった。

安政の大獄 主な処罰者

死刑・獄死
吉田松陰(長州)
橋本左内(越前)
頼三樹三郎(京都町儒者)
安島帯刀(水戸家老)
梅田雲浜(小浜)
鵜飼吉左衛門(水戸)

隠居・謹慎
一橋慶喜(一橋徳川家)
徳川慶篤(水戸藩主)
徳川慶勝(尾張藩主)
松平春嶽(福井藩主)
伊達宗城(宇和島藩主)
山内容堂(土佐藩主)

永蟄居
徳川斉昭(前・水戸藩主)
岩瀬忠震(作事奉行)
永井尚志(軍艦奉行)

他に遠島(流罪)、江戸追放、押込など多数

明治維新胎動の地
萩城下・長州路へ

幕府の策謀から生まれ、破壊を免れた城下町・萩

志士の足跡を辿る長州路の旅は、やはり萩を起点にしたい。吉田松陰・高杉晋作・桂小五郎ら、維新の英雄たちは皆、萩で生まれ育ち、その城下で暮らしていたからである。

萩は交通の便があまり良くないことでも知られる。県中央部の山口市から北へ数十㎞離れ、山口宇部空港や新山口駅から車で1時間以上かかる。これは現代に限った話ではなく江戸時代も同じで、交通の要所から離れた〝不便な城下町〟であった。

その歴史は、関ヶ原の戦いから4年後の慶長9年（1604）、毛利輝元が萩城を築いたことに始まる。領地を周防・長門のみに減らされた毛利家に対し、徳川幕府が「海に臨み要害の地である萩にせよ」と城を築く場所まで指定。幕府は毛利家（長州藩）や島津家（薩摩藩）の実力と野心を警戒し、あえて街道から遠い場所に町を造ら

せたというわけである。家康が死ぬ間際に「敵は西から来る」と予言していたという逸話が伝わるが、果たして家康の予言は的中し、徳川幕府は長州と薩摩を中心にした新政府に倒された。

しかし、その運命を知らない幕末以前の江戸時代の長州人は、ひたすら幕府に頭を下げ、耐え忍ぶ日々を過ごした。反発心もあっただろうが、幕府の権力は絶対。逆らおうものなら御家が危ないので耐えた。それが幕末に倒幕という形で爆発したのだ。

明治維新後、日本は近代化を迎え、ほとんどの町は姿を変えた。しかし、萩は交通の要所から外れた分だけ破壊を受けず、武家屋敷、土塀やなまこ壁、鍵曲《かいまがり》といった城下町の風景が色濃く残ったのだ。これほど昔ながらの形を広範囲にわたって残す町は、全国のどこを探しても見当たらない。

北へ歩くと、すぐに日本海がある。その海岸は菊ヶ浜と呼ばれ、今も土塁の跡が、やや高い丘のようになって残る。幕末当時、めったに外に出ることのなかった武士の妻や奥女中までが参加して築いた菊ヶ浜土塁だ。幕末、長州が下関で外国船と戦って敗れたため（下関戦争）、萩の住民の間にも「自分たちの手で城下を守ろう」とする機運が高まり、外国船からの襲撃に備えるため日本海に面した菊ヶ浜に土塁が築かれ

萩反射炉

鉄製大砲の鋳造に必要な金属溶解炉。導入が試みられたが、未完成に終わった。
■萩市椿東4897-7

たのだ。当時、久坂玄瑞の妻だった文（吉田松陰の妹）もこの工事に参加したことだろう。額に汗し、泥にまみれて健気に働く女性たちの姿が偲ばれる。

城下町の東のはずれにある吉田松陰と妹・文の生家

その文や、吉田松陰の生家は城下町の中心（堀内・城下町）から少し東へ離れたところにあった。城から遠いのは、松陰の父・杉百合之助が下級武士だったからだろう。その生家は、今は取り壊され、建物の間取りを示す敷石だけが残っている。すぐそばに吉田松陰と弟子の金子重之輔の銅像が建ち、この高台から萩城下を見下ろしている。その傍らには、吉田松陰とその家族、門下生を供養する杉家の墓所がある。江戸で処刑された松陰の亡骸は東京の松陰神社に眠っているが、ここには遺髪が埋められたという。

そこから北へすぐ下ったところが、萩の松陰神社だ。境内には杉家の建物と松下村塾の建物が現存する。松下村塾は、この付近が松本村という名前だったことから松陰の叔父・玉木文之進が開いたことに始まる。杉家旧宅には松陰が謹慎中に父や兄に学問を教えた「幽囚室《ゆうしゅう》」も残る。

長州の人々が萩から大坂や江戸方面へ行くには「萩往還《はぎおうかん》」と呼ばれる街道を通り、南の瀬戸内海側にある山口（山口市）や三田尻港（防府《ほうふ》市）へ出る必要があった。もともとは江戸への参勤交代のために、毛利輝元が造らせた街道で「御成道《おなりみち》」とも呼ぶ。長州の殿様はもちろん、庶民にとっても山陰と山陽を結ぶ「陰陽連絡道」として重要な交通路であり、幕末には、維新の志士たちが往来し、歴史の上で重要な役割を果たしたわけだ。全長およそ53㎞に及ぶ道は、近年石が敷き詰められて再整備され、当時と同じ道筋を歩くことができる。幕末の志士になった気持ちで歩く旅人も多いようだ。街道を抜けて南へ向かえば山口市に出る。

萩往還を通って南下し山口・防府方面に向かう

文久3年（1863）、幕末の藩主・毛利敬親（十三代）は政庁を萩から山口に移し、自らも移住した。この新しい藩庁は山口城と呼ばれるが、当の長州では城とは呼ばず、当主の別邸を意味する「山口屋形《やかた》」と称していた。表向きの居城は萩城のまま、藩主が必要な時にだけ山口屋形を使うという言い分だった。しかし、このおかげで藩士たちは萩や三田尻港にも短い日数で往来できるようになった。山口移転は、維新への近道であったといえる。

毛利敬親は、幾度か山口の湯田《ゆだ》温泉や、萩の湯本温泉で湯治をしたようだ。高杉晋作の日記には「藩主が湯田温泉で湯治中」、と記された日がある。実際、湯田温泉は長州藩の御用湯治場であり、湯田御茶屋《おちゃや》があった。藩士たちもそこで休息したり、会合していたようだ。その場所のひとつが「松田屋ホテル」である。

「宿としての創業は延宝3年（1675）と聞いています。高杉晋作、木戸孝允、山県有朋《やまがたありとも》、井上馨《かおる》など長州の志士はもちろん、彼らを訪ねてきた西郷隆盛や坂本龍馬

女台場

城下町の北部には女性たちが築いた菊ヶ浜土塁跡が残る。
■萩市今魚店町102-1

松陰神社(松下村塾)

神社の境内には、松下村塾と杉家の建物が現存している。
■萩市椿東1537
TEL:0838-22-4643
外観のみ見学自由　無休

伊藤博文旧宅

庭内に風呂や厠も残っている。博文はここから松下村塾に通った。
■萩市椎原
TEL:0838-25-3139（萩市観光課）
外観のみ見学自由　無休

も当館に宿泊し、湯に浸かったという記録が伝えられています」

そう話すのは同ホテル代表の松田康義さん。ここで維新の志士たちが湯船に身を沈め、しばし憩いながら将来を語り合ったのだろう。

関門海峡の潮流のように熱く奔走した男たちを想う

本州最西端の都市、下関という地名を聞くだけで、胸が熱く滾《たぎ》る人も多いだろう。本州と九州を隔てる関門海峡は源平最後の合戦「壇ノ浦の戦い」の古戦場であり、幕末に長州藩が外国船に対して砲撃を敢行した攘夷戦、諸外国の反撃に遭った「馬関戦争」の現場であるからだ。

長州が無謀にも外国の艦船に砲撃したのは文久3年（1863）5月。当時、攘夷派の志士らは「攘夷万歳！」と喝采したが、翌年、諸外国船の反撃に遭い、完膚なきまでに敗れた。長州は攘夷不可の現実を悟り、それから一気に「開国倒幕」に目覚める。その運動の原動力が、高杉晋作の功山寺《こうざんじ》決起（回天義挙《かいてんぎきょ》）だった。この海岸の高台にある寺に、当初84名しか集まらなかった高杉一派だが、旺盛な士気で革命を成功させた。ほどなく病に倒れた晋作は、功山寺からそう遠くない東行庵に眠っている。

土佐出身の志士・坂本龍馬も下関と関わりが深かった。龍馬は現在の赤間神宮の近くにあった屋敷を借りて滞在し、高杉晋作や桂小五郎と親交を結び、幕府の切り崩しや薩摩との同盟への道を探ったのだ。

海岸に立つと、この狭い海峡を、ひっきりなしに往来する大小様々な船の姿をすぐ眼の前で見られる。潮の流れも速く、独特の迫力があって見飽きることがない。その光景は、150年ほど前に晋作や龍馬が眼にしたものとほとんど変わっていないはずである。当時と大きく変わっているものといえば、頭上高くに細長く延びている関門橋の存在だ。

この関門橋が架かったのは昭和48年(1973)のこと。おかげで本州と九州は陸続きとなり、車での通行が容易になった。そのため本州最西端という特性は薄れたが、かつてこの町を奔走した若者たちが小さな運動を起こし、それが一大革命となって、日本の歴史を大きく変えたことを忘れてはならない。

第二章「幕末の始まりと〝志士〟の登場」の出来事

文政13年（1830）　8月4日、長州藩士・杉百合之助の次男として吉田寅次郎（後の松陰）生まれる
天保5年（1834）　水野忠邦、老中となる
天保8年（1837）　2月19日、大塩平八郎の乱
　毛利敬親が家督を相続し、十三代目長州藩主となる
天保11年（1840）　天保の改革にともない、村田清風が長州藩の財政改革に取り組む
　吉田松陰、毛利敬親の御前に招かれて、11歳にして「武教全書」を講義
天保13年（1842）　吉田松陰の叔父、玉木文之進が自宅で私塾「松下村塾」を開く
天保14年（1843）　水野忠邦が失脚、阿部正弘が老中となる
嘉永3年（1850）　吉田松陰、軍学稽古の名目で九州遊学。宮部鼎蔵らと出会う
嘉永4年（1851）　吉田松陰、参勤交代に従って江戸へ出る。佐久間象山に師事
嘉永5年（1852）　桂小五郎、江戸留学
嘉永6年（1853）　徳川家定、第十三代将軍に就任
嘉永7年（1854）　吉田松陰、弟子の金子重之助とともに密航を企てるが失敗。日米和親条約締結
安政4年（1857）　6月、老中・阿部正弘、死去
　11月、吉田松陰が松下村塾を開く
安政5年（1858）　6月19日、日米修好通商条約が結ばれる。安政の大獄始まる
　7月、井伊直弼と対立していた徳川斉昭が水戸屋敷での謹慎を命じられる
　10月25日、徳川家茂、第十四代将軍に就任
安政6年（1859）　10月27日、吉田松陰、斬首刑に処される
安政7年（1860）　3月3日、桜田門外の変。井伊直弼、暗殺される

第三章　苦境に立たされた長州藩

幕府の屋台骨を揺るがす戦争にまで発展した生麦事件

島津久光による幕政改革が権威失墜を印象づけた

専制に近い形で政治を動かしていた大老の井伊直弼が非業の死を遂げた後、混乱する幕政を担ったのは老中の安藤信正であった。安藤は井伊によって罷免させられていた久世広周《くぜひろちか》を老中に返り咲かせ、政権内部の井伊色を一掃したのである。

そして老中による桜田門外の事件の取り調べは、曖昧なままで終わらせてしまう。万延元年（1860）8月15日、攘夷派の支柱的存在であった水戸の徳川斉昭《なりあき》が急死。事件の要因となった密勅返納問題も、これを機会にうやむやにしてしまった。

井伊の死後、久世・安藤政権は破綻していた公武の融和策を再開することを決定。孝明天皇の妹である和宮を、十四代将軍家茂の正室に迎える計画を推進する。これが実現すれば天皇と将軍が義兄弟となり、国難に協力してあたる道筋ができるのだ。

こうして和宮内親王に徳川家茂への降嫁《こうか》が決まり、翌文久元年（1861）10月、京を発って江戸へと向かった。この降嫁は尊王攘夷を唱える勢力からは、幕府が朝廷の力を利用したように映った。推進者であった安藤信正は、婚儀直前の文久2年（1862）1月15日、坂下門外で水戸浪士らに襲われた。さすがに命を落とすことはなかったが、安藤は4月11日に老中を解任されてしまうのである。

安藤解任と同じ頃、薩摩藩主の実父で「国父」と称し、事実上の指導者であった島津久光が兵を率いて京に上り、幕政改革の意見書を朝廷に提出。そして4月23日には過激な倒幕行動を画策していた、薩摩藩や諸国の尊王志士が集まる伏見の寺田屋に使者を派遣し、命に従わなかったために粛清している（寺田屋事件）。この事件がきっかけとなり、久光は朝廷から絶大な信頼を得たのである。そして勅使を伴い江戸へ下向、将軍に国政改革を要求した。

この一連の出来事は、藩主でもない久光が政局中央に華々しく存在感を示したことになる。建白の内容は公武合体、朝廷の権威の振興、幕政改革を実現させること、という内容であった。それは幕府独裁ではなく、有能な人材を配して朝廷と話し合い、国の方針を決めるものであった。

そして久光の目論見通り、将軍後見役に一橋慶喜《よしのぶ》、政事総裁職に松平春嶽《しゅんがく》を登用。

事件の起こった生麦村付近の古写真。この付近でリチャードソンの遺体が発見された。イタリア系イギリス人写真家、F・ベアト撮影。個人蔵

目的を果たした久光はさらに江戸にとどまり、慶喜と春嶽に幕政改革を要求した。幕府は朝廷の権威を背景とした久光の要求を拒むことができず、国内外に自らの権威が失墜したことを晒してしまう。

6月7日から江戸に滞在していた久光一行は、全ての周旋を終えて8月21日に江戸を後にした。そして京都へ戻る途中、思いもよらぬ事件を起こしてしまう。久光の行列が武蔵国橘樹《たちばな》郡生麦村（現・神奈川県横浜市鶴見区生麦）付近にさしかかった時、乗馬のまま久光の駕籠近くまで乗り入れた英国人4名のうち、女性を除く3名が無礼討ちにされたのだ。

結果、1名死亡、2名は重傷を負う。当時の武士が主君を守る行為は自然なことで、久光がとがめなかったのも普通のことだ。しかし国際社会では、重大な問題となった。

有望な人材を留学させる長州五傑、禁を犯しイギリスへ渡る

西欧の文明を肌で感じ攘夷の無謀さを知った

文久3年（1863）5月10日、馬関《ばかん》海峡（関門海峡）を通過する外国船に対し、単独で砲撃を開始した長州藩。その一方で、5人の若者がイギリスへの留学へと旅立つことになった。その理由は強大な国力を持っていると考えられていた清国でさえ、アヘン戦争以来、西欧列強に蹂躙《じゅうりん》されていたことが挙げられる。

同藩は攘夷を成功させるには、まず敵である西欧の文明技術を学ばなくてはならないと考え、ヨーロッパへの留学生派遣を決めたのだ。しかし当時は幕府によって海外渡航が禁じられていたため、密航という形を取ることになる。これは大きな危険を伴う役目で、藩からその内命を受けたのは山尾庸三、野村弥吉（井上勝）、遠藤謹助、そしてわずか半年前にはイギリス公使館焼き討ち事件に加わっていた伊藤俊輔（博文）と井上聞多《もんた》（馨《かおる》）の5名であった。

5人は藩が馬関海峡で外国船への砲撃を開始した2日後の5月12日、ガワー総領事の斡旋により、ジャーディン・マセソン商会所有のチェルスウィック号に乗り横浜を出航、まずは上海を目指した。そこで彼らが目にしたのは、アジア最大の西欧文明中心地として栄える町と、100隻を超える外国軍艦や蒸気船が停泊している港の光景であった。

「この圧倒的な国力の差は何だ。攘夷などという無謀なことを実行すると、日本は滅びてしまう」。5人の胸の内には、そんな思いが去来したことであろう。その後、すぐさま開国へと心が動いたことでも予測できる。上海から先は2隻の船に分乗し、11月4日にロンドンに到着した。

一行を迎え入れたのは、ロンドン大学の一校で名門の『ユニバーシティ・カレッジ・ロンドン(UCL)』であった。入学の手引きはアレキサンダー・ウィリアムソン教授が行ってくれた。そこで彼らはウィリアムソン教授の分析化学の講義だけでなく、様々な学問に触れたことで、攘夷の無意味さをさらに実感する。

翌1864年4月、ロンドン滞在中の5人のもとに「過激な攘夷行動を改めない長州藩に対して、列強4カ国が共同で攻撃を行う準備が進められている」という情報が

長州五傑《ちょうしゅうごけつ》

密航の末、イギリスへの留学を果たした5人。上段の左から遠藤勤助、野村弥吉（井上勝）、伊藤俊輔（博文）。下段左から井上聞多（馨）、山尾庸三。維新後、政府の要職に就いて活躍する。　萩博物館蔵もたらされた。驚いた5人は相談の結果、伊藤と井上馨の2人が緊急帰国。藩の上役を説得し、列強との戦いが無謀であることを説くことにした。

伊藤と井上は元治元年（1864）6月初旬、横浜に到着する。駐日イギリス公使ラザフォード・オールコックに面会し、自分たちが藩論を変えるために帰国するので戦闘を待って欲しい旨を伝えた。公使はフランス、アメリカ、オランダの3カ国にも了承を取り付け、書簡を手渡した。ただし書簡への返答は、2人が帰国してから12日後まで、という条件が付けられたのであった。

受難続きのイギリス公使館も攘夷派の標的となる

日本初のイギリス公使館は、高輪の東禅寺に置かれた。文久年間（1861〜1864）、ここは攘夷派志士の標的にされている。1度目は文久元年（1861）5月28日、水戸脱藩浪士14名がオールコック公使らを襲撃。2度目は翌年5月29日に起きた。オールコックが帰国している間、代理公使となっていたジョン・ニールの寝室に、警備を担当していた松本藩士が侵入、殺害を試みている。同じ文久2年12月12日には、品川御殿山に建設中だったイギリス公使館が高杉晋作ら長州藩士により焼き討ちされた。

明治新政府の要職に就く

井上　勝《いのうえまさる》 1843〜1910

山尾庸三とともに5年間留学。鉄道庁長官を務め「鉄道の父」と呼ばれる。また、岩手県に小岩井農場も設立した。

国立国会図書館蔵

伊藤博文《いとうひろぶみ》 1841〜1909

渡英からわずか半年後には帰国することになるが、その後の活躍は目覚ましい。初代内閣総理大臣となる。

国立国会図書館蔵

山尾庸三《やまおようぞう》 1837〜1917

明治元年（1868）に帰国後は工部少輔、工部卿など工学関連の重職を任された。さらに法制局の初代長官も務めている。

個人蔵

井上　馨《いのうえかおる》 1836〜1915

伊藤と同じく半年で帰国することになる。しかし初代外務大臣を務めたことから「外交の父」と呼ばれる。

国立国会図書館蔵

八・一八の政変により都を追われる
外国船への砲撃を開始した長州

攘夷に逸る長州藩にとって驚天動地のクーデター

孝明天皇の強い希望により、十四代将軍・徳川家茂は文久3年（1863）5月10日をもって攘夷の決行を約束する。これをきっかけに、武力をもって外国の勢力を追い払おうと考えたのが長州藩であった。もともと長州の藩論は、幕府が締結した不平等条約の破棄と、強硬な攘夷実行が主流だったからである。

しかし幕府は攘夷を必ずしも軍事行動とは考えていなかった。そんな幕府の態度に業を煮やした長州藩は、馬関海峡（関門海峡）を通過する外国船に対し、単独で砲撃を仕掛けたのである。だが、その報復として翌月にはアメリカとフランスの軍艦が長州藩所有の軍艦や砲台を砲撃。壊滅的な打撃を与えた。しかし長州側はそれにめげることなく砲台を修復。対岸の小倉藩領の一部をも占領し、ここにも砲台を築いて海峡の封鎖を続けた。

ところが馬関海峡で攘夷のための砲撃を実行している長州藩に同調する藩は現れない。しかも欧米艦隊から同藩が攻撃されても、近隣の藩はただ傍観するばかり。6月になると攘夷の実行を約束していた将軍家茂も江戸へ帰ってしまう。業を煮やした久留米藩士の真木和泉《まきいずみ》や長州藩士の久坂玄瑞ら、急進的な尊王攘夷論者たちは、天皇による攘夷親征（大和行幸《やまとぎょうこう》）の実行を画策した。

だが孝明天皇は攘夷論者ではあったが、攘夷の実施などは幕府が中心となって行うべきもの、と考えていた。そのため朝廷内の攘夷急進派である三条実美《さんじょうさねとみ》や姉小路公知《あねがこうじきんとも》らの、横暴ともいえる行動を内心では不快に感じていたのである。天皇は三条らを排除するため、島津久光の上京を期待していたが、薩英戦争の影響もあってそれは叶わなかった。

攘夷親征の先駆けとなる大和行幸の詔は8月13日に発せられる。それと共に会津藩、薩摩藩を中心とした公武合体派は、尊攘派を一掃するために動き出した。まず8月15日に京都守護職の松平容保《かたもり》の了承を得て、薩摩藩の高崎正風《まさかぜ》と会津藩の秋月悌次郎《ていじろう》が中川宮朝彦親王《あさひしんのう》を訪ね、親王を擁して尊攘派を一掃する計画を打ち明けた。翌16日には中川宮が参内して天皇を説得。翌17日には天皇より中川宮へ密勅が下る。

そして運命の8月18日、長州藩にとっては信じ難い出来事が起こったのである。この日の早朝、御所の各門は会津、薩摩、淀の藩兵により固められた。在京の諸藩主に参内の命が下り、さらに三条ら尊攘急進派の公家には禁足、面会禁止が命ぜられた。こうした状況下で朝議が開かれ、大和行幸延期、尊攘派公家と長州藩主父子の処罰が決議される。こうして長州藩は堺町御門の警備を罷免され、長州藩兵と7人の尊攘派公家は、政治の中心地となっていた京都から追放されたのであった。

下関沿岸の長州藩砲台

徳川家茂が朝廷と約束した攘夷実行の期限を守り、長州藩が設置した馬関海峡沿いの砲台が外国船に火を噴いた。当初砲台は長州側だけであったが、小倉藩領も占拠し、砲台を設置した。

八方塞がりの状況を打破する強硬策
京都御所を襲った禁門の変

失地回復のための挙兵が見事に裏目に出てしまう

完全に政局の中心から追いやられてしまった尊攘派の志士たちは、肥後脱藩の宮部鼎蔵《ていぞう》らを中心に、起死回生の秘策を計画した。それは「風の強い日に京の町に火を放ち、その混乱に乗じて公武合体派の要人を暗殺。さらに孝明天皇を長州へとお連れする」というものだ。

ところがこの計画は洛中の治安維持を担当していた新選組の知るところとなり、元治元年（1864）6月5日、尊攘派志士の古高俊太郎を捕縛。拷問にかけた結果、企みの全貌が明らかになった。すぐさま宮部らの会合場所を探索するため、新選組隊士たちは手分けして洛中の旅籠の探索を開始した。

そして局長・近藤勇《いさみ》率いる隊が三条大橋近くにある池田屋に、宮部ら30名ほどの志士が集まっているのを察知。散開を恐れた近藤は、わずか4名で池田屋内に踏み込んだ。激しい戦闘に及んだ結果、宮部や長州藩士の吉田稔磨《としまろ》ら7名が惨殺され、20数名が捕縛された。

「八月一八日の政変」以降、長州藩内には兵を京へ繰り出し、一気に失地回復を図る、という強硬論が叫ばれるようになっていた。そこへこの池田屋の悲報がもたらされた。何の詮議もなく同志を殺されたことで、幕府への怒りは沸点に達する。来島《きじま》又兵衛などは思想的なことよりも、主君である毛利家が受けた恥辱を晴らすため、強硬に出兵を促した。こうなると桂小五郎の冷静な見解や、久坂玄瑞の藩兵の上洛は反対という意見は押しやられる。おまけに玄瑞は指揮官のひとりに据えられてしまう。そして6月下旬には長州藩兵約2000人が、京を南と西から攻撃できる態勢を整えた。この

土方歳三《ひじかたとしぞう》 1835~1869

新選組では近藤勇を補佐する副長として活躍。剣技に秀でていただけでなく、隊員には厳正な規律を守らせたことから「鬼の副長」とも呼ばれた。

国立国会図書館蔵

近藤　勇《こんどういさみ》 1834~1868

武蔵国多摩の豪農の家に生まれた。徳川家茂警固の浪士組に参加。後に新選組となり、その局長を務める。池田屋事件で隊の名をおおいに高めた。

国立国会図書館蔵

蛤御門は本来の名前を新在家御門という。天明の大火の際、滅多に開かないこの門が火にあぶられ開いたことから付けられた俗称だ。この門の周辺で激戦が繰り広げられたことから「蛤御門の変」とも呼ばれる。今も弾痕が残る。

武力を背景にして、朝廷に長州藩の復権を求めたのであった。

しかし幕府は長州と妥協する気はなく、朝廷も幕府の意向に従わないわけにはいかないので、交渉は物別れに終わった。そして7月19日になり、ついに両軍は戦端を開いた。戦いは御所の蛤《はまぐり》御門、下立売《しもだちうり》御門、堺町御門が舞台となった。なかでも蛤門付近が最も激戦だったことから「蛤御門の変」とも呼ばれている。

この戦いは最初から長州側に勝ち目はなかった。御所を守る会津、薩摩などの藩兵は数の上で勝っていただけでなく、長州側には「御所に向かって発砲する」という後ろめたさが付いて回ったからだ。おまけにきちんと作戦計画を立てていたわけではなかったので、戦いはわずか1日で決着が付いてしまう。

指揮官であった来島は、馬上で戦闘を指揮している最中に狙撃され戦死。久坂は敗戦の責任を負い自刃して果てた。そのほか、真木和泉ら17人が敗走途中、山崎の天王山で自刃している。失地回復のための乾坤一擲《けんこんいってき》の勝負が完全敗北に帰した結果、長州藩は朝敵の汚名を着せられることになった。尚、戦闘は1日で終わったものの、京都の町は21日まで火災に見舞われ多くが灰燼に帰した。

久坂玄瑞を失った文の悲しみ

杉文と久坂玄瑞の結婚生活は、わずか6年と8カ月ほどで終焉を迎えてしまった。しかもその間、玄瑞は国事に奔走して各地を飛び回っていたため、文のもとにいることは少なかった。そのため、2人はよく手紙のやり取りをしていたという。

玄瑞と文の間に実子はいなかったが、文の姉の寿と小田村伊之助（後の楫取素彦《かとりもとひこ》）の子、久米次郎（道明）を養子に迎えている。玄瑞が亡くなった後、文は悲しみにめげず毛利家の侍女となり、養子の久米次郎を支えて久坂家復興に尽力している。

四国艦隊による砲台占拠と幕府軍の来襲
存亡の秋を迎えた長州藩

四国艦隊の来襲に加え征長軍が迫り絶体絶命に

文久3年（1863）5月10日、幕府やそのほかの藩が躊躇するなか、ひとり攘夷戦を決行した長州藩。馬関海峡付近を航行する外国船への砲撃を行った。しかしその結果はアメリカとフランスの軍艦に報復され、貧弱だった長州海軍は壊滅、砲台も破壊された。さらに外国からの攻撃を受けている際、長州藩内では一揆が勃発。外国の軍隊に協力する領民まで現れる始末だった。

その後、長州藩は「八月一八日の政変」で京都を追われ、さらに冤罪を晴らす目的で兵を御所に向け、手痛い敗北を喫した。それでも攘夷の姿勢を崩すことはなく、馬関海峡は修復された砲台により、閉鎖されたままであった。この事態は日本との貿易を行う諸外国にとって、大いなる不都合を生じさせた。

この時期、アジアで最強の戦力を保持していたのはイギリスだったが、対日貿易で

下関戦争の推移

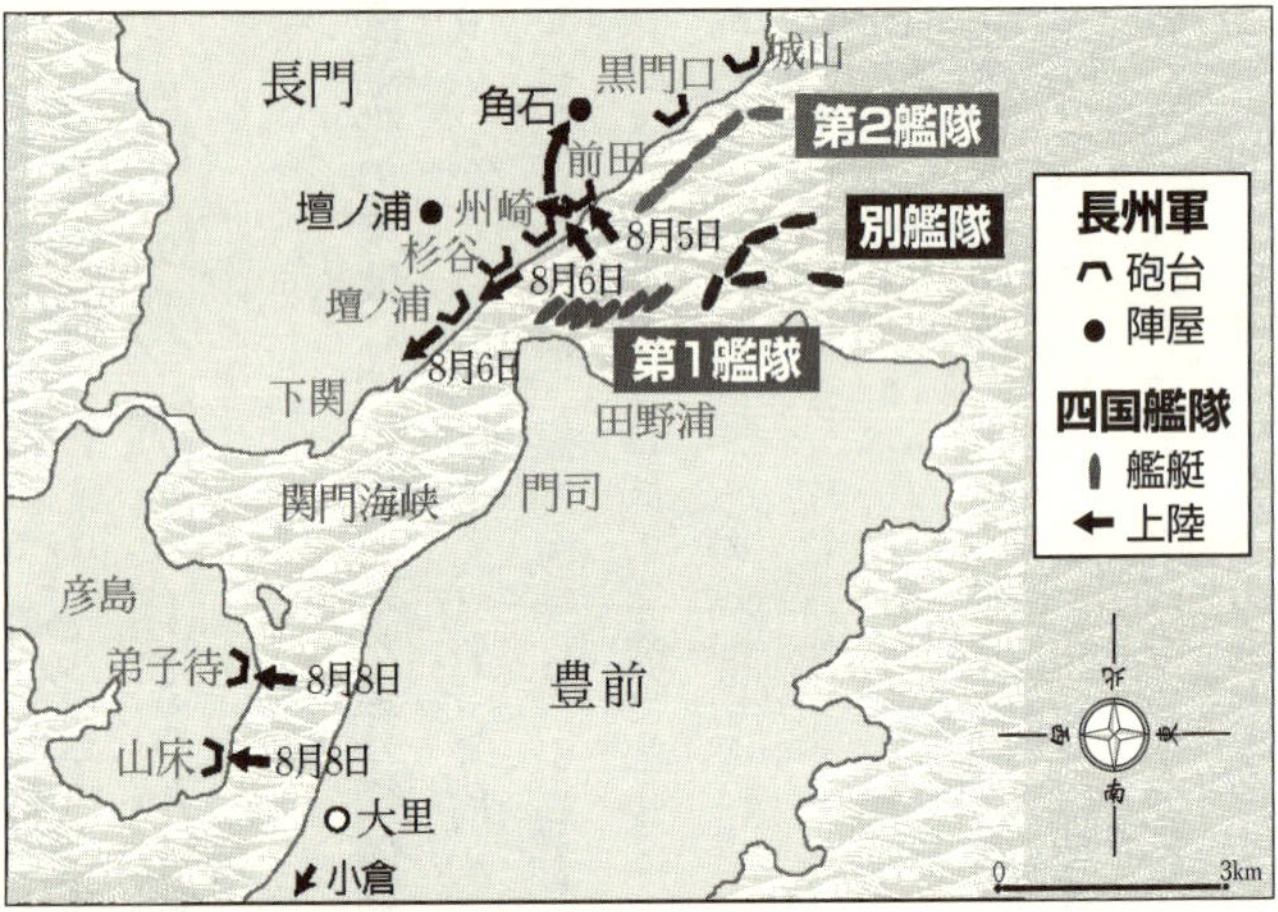

強力な大砲を搭載した軍艦による艦砲射撃とその掩護（えんご）を受けた陸戦隊による攻撃に対し、長州軍は肉弾戦を挑むも敵わず。戦いはわずか４日間で決着がつく。長州藩は攘夷が不可能なことを知る。

の利益は順調に上がっていたうえ、海峡封鎖ではイギリス船は直接の被害を受けていない。そうしたことからイギリス本国は多額の戦費のかかる武力行使には消極的であった。しかし駐日公使のオールコックは、海峡が封鎖されていることで、長崎での貿易が麻痺状態となっていることを問題視した。加えて攘夷運動が全国的に波及することも危惧したのである。実際、幕府が横浜港を閉鎖したい旨を持ち出している。

　オールコックはこの際、西欧

文明の実力を思い知らせ、攘夷などは実現不可能なことを日本人に痛感させることを思いついた。この考えに、実害を受けたフランス、オランダ、アメリカも同意し、元治元年（１８６４）４月に四カ国連合艦隊による、長州への武力行使が決定する。

イギリス留学中の伊藤俊輔（博文）と井上聞多（馨）が６月10日に緊急帰国。オールコックに面会し藩主の説得を約束した。オールコックも承知し、２人を軍艦で豊後まで送る。伊藤らは藩庁に到着し、毛利敬親や藩の重役たちに戦いの無謀さを説いたが、説得することはできなかった。

７月27日から28日にかけて、17隻からなる四カ国連合艦隊が横浜を出航。総員は約５０００人という兵力を有していた。８月４日になり艦隊接近を知った長州藩庁は、ようやく事の重大さに慌てた。というのも同じ頃、朝廷から勅命を受けた幕府は尾張、越前および西国諸藩を以て征長軍を編成していたからだ。

結局、８月５日の午後になり、連合艦隊は前田から壇ノ浦にかけての砲台を粉砕。さらに前田浜に陸戦隊を上陸させ、砲台を占拠破壊した。翌日は山県狂介（有朋）が一時敵艦を砲撃して混乱させるが、態勢を立て直すと陸戦隊が上陸。下関市街へと向かい進軍を開始する。８日には高杉晋作が家老の養子、宍戸刑部《ししどぎょうぶ》を名乗り講和の使者に立った。

　こうして禁門の変と下関戦争に敗北した長州藩は、俗論党と呼ばれる保守派が主導権を握る。そして最終的に35藩、総勢約15万人にもなった征長軍と戦うことなく、11月に禁門の変の責任者として3人の家老を切腹せしめ、さらに4人の参謀を斬首、5人の公卿を追放し恭順させた。

周布政之助《すふまさのすけ》 1823〜1864

長州藩の財政再建や軍政改革、殖産興業に尽力。桂小五郎や高杉晋作らを登用する。禁門の変や征長の責任を感じて切腹する。

「周布政之助写真」 山口県文書館蔵

長州藩は米仏艦による報復攻撃で破壊された砲台を修復し、引き続き海峡封鎖を行った。しかし、17隻の艦隊と陸戦隊により占拠・破壊された。個人蔵

藩論を倒幕に向けて舵を切らせた
高杉晋作による功山寺挙兵

諸隊が協力してついに保守派政権を打倒する

禁門の変の後、四カ国連合艦隊による攻撃を受け、長州藩内の急進派（正義党）はすっかり勢力を落としてしまった。さらに周布政之助の自刃、井上聞多（馨）の遭難も重なり、長州の藩論は椋梨藤太《むくなしとうた》を中心とする保守派（俗論党）が抑えてしまう。

こうした動きに反発したのは奇兵隊以下、急進派に属していた部隊であった。ちなみに奇兵隊というのは、江戸時代の終わりに組織された、藩士と藩士以外の武士や庶民から構成される部隊のこと。「正規兵」の反対の意味を持つ。長州では下関戦争後、高杉晋作らの発案で組織されたのである。奇兵隊は明治10年（１８７７）の西南戦争の際、西郷軍も奇兵隊を組織している。

藩政を牛耳った保守派は家老や参謀を処分するだけでは収まらず、急進派の幹部を次々に投獄。高杉晋作は間一髪のところで捕縛から逃れることができ、諸隊の幹部に

高杉晋作による藩政奪還の戦い

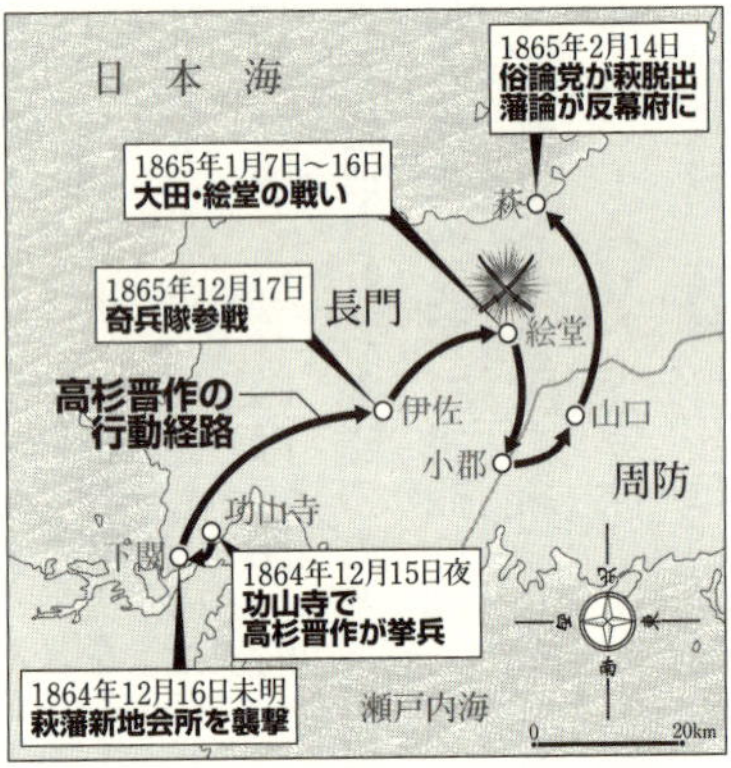

当初は傍観していた諸隊だったが、高杉が挙兵すると次第に合流。藩政府側は毛利宣次郎を諸隊鎮静手当総奉行とし、追討隊を進発させた。年が明けると絵堂において武力衝突が起き、その後10日間にわたる戦闘が行われた。

決起を呼びかけたのである。だが当初は奇兵隊総督・赤根武人《あかねたけと》による藩との融和策が進んでいることもあり、諸隊幹部で決起に応じる者はいなかった。

それでも高杉は決起に関して、長府の功山寺《こうざんじ》にいた三条実美ら5人の公卿たちに決意表明をする。そのうえで力士隊総督の伊藤俊輔の賛同を取り付け、さらに遊撃隊総督・石川小五郎を説き伏せ、わずか50人ほどの兵力ではあったが、元治元年（1864）12月16日に挙兵した。これは公卿たちに決意表明をした場所から「功山寺挙兵」と呼ばれる。

その日のうちに萩藩新地会所を襲撃、さらに三田尻では藩船「癸亥《きがい》」と「丙辰《へいしん》」を奪取した。藩政府は19日になって急進派幹部7人を斬首し、さらに追討隊を組織した。

これにより赤根による融和策は瓦解。武装解除を通達された諸隊は、高杉らと合流することになった。

長州藩内が内戦のような状態に陥っていた12月27日、幕府軍は長州領内から撤兵している。明けて元治2年（4月7日慶応に改元）1月6日、諸隊は絵堂《えどう》の藩政府軍を攻撃。以後、10日間にわたる武力衝突となる。高杉らの軍は優勢だったが、勝利を得るまでには至らなかった。

こうした膠着状態が収束したのは、中立派の家臣団が結束して諸隊と共に保守派を攻撃し、内乱の終結を図ったことが大きい。これらの動きか

長州藩における奇兵隊は、諸隊と呼ばれる常備軍のひとつ。高杉晋作らの発案により組織された。長州藩士ではない者も多く参加したといわれる。吉田松陰の『西洋歩兵論』の影響も受けている。個人蔵

ら、藩主の毛利敬親は椋梨らを罷免することにした。こうして再び藩の中枢から保守派が一掃され、2月には高杉晋作、広沢真臣《さねおみ》、前原一誠《いっせい》らによる政権が樹立された。

だが以前のような過激な攘夷行動を目的とせず、力を蓄えるまでは幕府や諸外国に対し「武備恭順」を藩是とした。だが一度〝朝敵〟の汚名を着せられてしまっただけに、武器を揃えることができない。そこにひとりの男が登場するのだった。

尊王攘夷の巨魁　水戸の天狗、成敗される

元治元年(1864)3月27日、尊王攘夷の総本山ともいえた水戸藩の過激派が、筑波山挙兵を決行。彼らは「天狗党」と呼ばれていた。中核を成していたのは、桜田門外の変を起こした連中と同じく、より過激な行動を起こす一派であった。

天狗党の要求は、横浜鎖港が一向に実行されないことに憤り、即時鎖港を幕府に要求することであった。しかし7月には追討軍が組織されたため、西へ向かって進撃。だが12月11日、越前敦賀で加賀藩に投降し、乱は終結する。

頑なに、過激に突き進んだ長州藩の戦い　維新回天の足跡

徳川幕府と長州藩の確執は関ヶ原の戦いまで遡る

激動の幕末に多くの志士を輩出し、維新の原動力の中核を成していた長州藩。治めていたのは有力な外様大名のひとつ毛利家で、現在の山口県に当たる周防と長門の2カ国を領有していた。藩祖の毛利輝元は、一代で中国地方の大半を勢力下に治めた英雄・毛利元就の孫である。

慶長5年（1600）の関ヶ原の戦いで、輝元は西軍の総大将に担ぎ上げられてしまう。西軍が大敗したため、毛利家は危うく改易されるところであったが、一族の吉川広家の働きにより大幅な減封を受け入れ、何とか家名は存続。以来、徳川幕府に対しては、恨みを抱き続けてきた。

そして関ヶ原から253年後。幕府の屋台骨を揺るがす大事件が起こった。黒船の来航である。見たこともない巨船と強力な武装の前に為す術もない幕府は、朝廷の許

「萩城五層楼写真」 山口県文書館蔵

しも得ずに日米和親条約を締結。その朝廷をないがしろにした行為と、外国の砲艦外交に不甲斐ない姿を晒した幕府に対して、多くの志士たちが憤慨した。
徳川幕府に対する憎しみの気持ちを抱き続けてきた長州藩のなかでも、尊王の志が強かった若い連中は、当然のように幕府に対する風当たりを強くする。その中心的存在だったのが、吉田松陰が開校した松下村塾の塾生たちであった。ただし松陰は単純に尊王攘夷を説く平凡な人物ではなかった。彼は過激と思われるほど欧米列強について学び、これに対抗するためには長州藩だけではなく、日本全体を大きく改革する必要があることを力説する。

だが井伊直弼が断行した安政の大獄で松陰は処刑。この時、藩の直目付であった長井雅楽《うた》は、幕府に対して一切の弁明を行わなかった。さらに長井は開国と公武合体を推進する「航海遠略策《こうかいえんりゃくさく》」を藩主に建白、これが長州藩の方針とされた。こうした一連の動きが藩内の尊王攘夷派の怒りを買ってしまったのだ。

幕府内で公武合体を進めていた老中の安藤信正が文久2年（1862）1月15日、江戸城坂下門外で水戸浪士に襲われた事件をきっかけに失脚すると、長州藩の藩論も一気に尊王攘夷へと転換する。長井も失脚し、長州藩は尊王攘夷の急先鋒となっていくのである。

過激な攘夷実行の末、外国の軍隊の実力を思い知る

文久3年（1863）3月、十四代将軍・徳川家茂と、その後見役の一橋慶喜は朝廷や長州藩などの執拗な要求に押され、5月10日をもって攘夷を決行することを約束する。しかし実際に攘夷を行動で示したのは、長州ただ一藩だけであった。

この日、馬関海峡を通過しようとしていたアメリカ船に向かい、長州の砲台が火を噴いた。さらに続いてフランス、オランダの船にも砲撃を加えたのである。しかしアメリカ、フランスから報復攻撃を受け、軍艦や砲台を破壊されてしまう。

外国の圧倒的な軍事力を、身を以て知らされた長州藩は、下関の防備を高杉晋作に一任する。そこで高杉は外国の攻撃の際に逃げ惑うばかりだった武士だけに藩の守りを任せることをやめ、身分を問わずひたすら藩を守る気概に満ちた人材を集めることにした。こうして町人や農民も参加していた奇兵隊が結成されたのである。長州藩では正規武士とは一線を画す「長州諸隊」という、近代型の軍隊が育成された。

追いつめられた末の奇策、時代は一気に倒幕へ動き出す

だがその後の長州藩は苦難続きであった。文久3年（1863）8月18日には京都において、公武合体派によるクーデターが発生。長州藩は御所の警備の任を解かれてしまう。しかも三条実美ら7人の攘夷派公卿とともに、京都を追われてしまったのだ。この「八月一八日の政変」以降、京都は公武合体派が実権を握ったのである。しかし長州藩の攘夷派や三条実美らは、そうした逆境にも屈せず、再び京へ復帰することを

敗れた長州勢は長州屋敷に火を放って逃走。戦闘そのものは1日で終わったが、市街はその後「どんどん焼け」と呼ばれる大火に見舞われた。個人蔵

画策していた。

だが元治元年（1864）6月5日、クーデターを計画する攘夷派が集まっていた三条通木屋町の旅籠「池田屋」を、新選組が急襲するという事件が発生。長州藩士、土佐藩士などの尊王攘夷派志士の多くを斬り捨て、または捕縛した。これに激怒した長州藩の過激派は、平和的な解決を望んだ慎重派を抑え込み、武力を用いてでも京へ向かうことを決意する。

結局、御所を舞台にした禁門の変に敗れた長州藩は、朝敵の汚名を着せられてしまう。さらに幕府軍による征討軍が編成され、長州領内への進撃準備を整えていた。さらに同時期に英米仏蘭の四カ国連合艦隊

による、下関への攻撃まで受けるという、絶体絶命の危機に陥ってしまう。

もしも幕府の力が盤石であったなら、長州藩はこの前後で跡形もなく消えていたであろう。しかし禁門の変を主導した3人の家老を切腹させたことで、ひとまず征討軍は矛を収めた。それだけ幕府も弱体化していたのである。生き残ることのできた長州藩は、一時的に幕府恭順派が実権を握るが、すぐに高杉晋作のクーデターにより、藩論を倒幕へ統一。

ただ以前のように闇雲に尊王攘夷を進めるのではなく、密かに軍備を整えていった。それを可能にしたのが、薩長同盟締結であった。薩摩が長州の代わりに武器を調達し、長州は軍備を近代化することができた。

将軍徳川慶喜は大政奉還を行い、実権を朝廷に返上。これにより倒幕派の大義名分を失わせる策に出た。しかしこれを見抜いた岩倉具視《ともみ》らが、王政復古の大号令を行う。この段階で薩長らの目的は、「倒幕」から「討幕」へと変わって行ったのだ。こうして最後の仕上げとして、国を二分する戊辰戦争が勃発。薩長要人は新しい時代の扉を開くために、戦いは不可欠と考えていたのである。

第三章「苦境に立たされた長州藩」の出来事

万延元年（1860）
8月15日、徳川斉昭、死去

文久元年（1861）
2月、ロシア軍艦対馬占領事件
5月28日、水戸脱藩浪士が高輪、東禅寺に置かれたイギリス公使館を襲撃
10月、老中・安藤信正らが公武合体を策し、和宮内親王が徳川家茂へ降嫁

文久2年（1862）
1月15日、坂下門外の変。安藤信正が襲われる
3月24日、坂本龍馬が土佐藩を脱藩
4月11日、安藤信正が老中を解任される
4月23日、寺田屋事件で薩摩藩の尊王派らが粛清される
8月21日、生麦事件

文久3年（1863）
5月10日、長州藩、馬関海峡で外国船に対する攘夷戦を開始
5月12日、山尾庸三、井上勝、遠藤勤助、伊藤博文、井上馨の5名がイギリスへと留学
7月2日、薩英戦争が勃発
8月18日、八月一八日の政変、長州藩は京都から追放される

元治元年（1864）
3月27日、尊王攘夷派による天狗党の乱
6月5日、池田屋事件。新選組が尊王攘夷派の志士を襲撃
7月19日、禁門の変。幕府軍と長州藩が武力衝突。久坂玄瑞が自刃
7月23日、第一次長州征伐
8月5日、下関戦争。四カ国連合艦隊による長州征討
9月、周布政之助、自刃
12月、高杉晋作が功山寺で挙兵

第四章　勇躍する維新の志士たち

薩長同盟の締結気運の高まりと倒幕のための具体策

坂本龍馬が仕掛けた奇策が瀕死の長州藩を甦らせた

禁門の変の後に実施された第一次長州征伐では、戦になる前に長州側が降伏した。幕府軍が長州に対して徹底した強硬策に出られなかったのは、薩摩の西郷隆盛が勝海舟から、公武合体策の限界と幕府の内情を聞かされていたからである。当時の薩摩は琉球との密貿易や、薩英戦争後のイギリスとのつながりにより財政が潤っていた。これは疲弊していた幕府からすると、脅威そのものである。

そこで幕府は長州討伐という名目で薩摩に長州を攻めさせ、力を削ごうと考えたのである。薩摩からすれば長州と戦争をすれば多くの犠牲や軍費が生じて、国力が衰えるのは目に見えている。さらに長州が討伐された後、次には薩摩が標的にされるかも知れない。だが幕命に逆らえば謀反の疑いをかけられるし、薩摩単独で幕府を倒すだけの力はない。

一方の長州は「八月一八日の政変」、さらには禁門の変以来、朝敵とされてしまい、武器の購入を禁止されてしまった。こうした状況で攻め込まれてしまえば、ひとたまりもないことは火を見るより明らかだ。

薩摩は無駄な戦争には参加したくない。そして倒幕運動の表に立つ気はないが、西郷はあまり幕府側に肩入れしても将来はないことを見越していた。長州はともかく武器が欲しい。しかも藩の方針は攘夷から倒幕へと変わって来た。実は両者の思惑は一致していたのである。

だが、長州からすれば薩摩は恨み骨髄に徹する相手。この長州征伐にしても、幕府軍の中核に薩摩がいたこともわかっている。戦わずして停戦となっても、恨みこそ残るものの恩など微塵も感じられない。

このように激しく対立する薩長両藩を接近させたのが、土佐脱藩浪士の坂本龍馬と中岡慎太郎である。将来を見据えた2人は、大藩で実行力がある薩長が手を結ぶことが、新しい

ハリー・パークス

オールコックの後任として慶応元年（1865）にイギリス駐日公使に着任。薩摩、長州と接近する。一方、フランス駐日公使レオン・ロッシュは幕府に肩入れし、多大な支援を行う。

国立国会図書館蔵

長州藩

長州藩は急進的な条約破棄、尊王攘夷論を押し出し、幕府に対抗する姿勢を示していた。しかし禁門の変に続いて四カ国連合艦隊による攻撃にも敗北。外国の圧倒的な力を肌で感じた。しかし武器や軍制を西洋式に改革したくても、肝心の武器を調達することができなかった。薩摩との交渉はおもに桂が行う。高杉と大村は西洋式兵制の育成に務めた。

桂小五郎《かつらこごろう》
1833〜1877

高杉晋作《たかすぎしんさく》
1839〜1867

大村益次郎《おおむらますじろう》
1825〜1869

仲介役
（土佐脱藩浪士）

坂本龍馬《さかもとりょうま》
1835〜1867

薩摩と長州の利害は、根っこの部分でつながっていた。しかしお互いに藩の面子を第一に考えていたため、交渉のテーブルにつく段階までも至らない。第一、長州藩に対してどうするか、薩摩藩内の意見も分かれていた。大久保利通が長州とは戦わないという藩論をまとめつつあったところなので、龍馬と中岡の仲介が不可欠だったのである。

薩長同盟の成立!

写真◎国立国会図書館蔵

薩摩藩

西郷は勝の話を聞いた後、徹底的に長州を追い込んだとしても単に薩摩の国力が消耗するだけで、利するのは幕府のみと考えた。同時に弱体化した幕府では国難続きの現状を打開する力はないとも考えた。いっそのこと幕府を倒してしまうことも視野に入れていたが、薩摩の方から長州に手を伸ばす必要まではないと考えていた。

小松帯刀《こまつたてわき》
1835〜1870

大久保利通《おおくぼとしみち》
1830〜1878

西郷隆盛《さいごうたかもり》
1828〜1877

薩長同盟の内容

同盟の内容は次のようなものになっていた。再び長州征伐となった際は、薩摩が長州に対し物心両面の援助を約束。戦争が始まった場合、薩摩は京、大坂に出兵して幕府に圧力を加える。そして戦争の帰趨（きすう）如何に関わらず、長州の政治的復権のために薩摩は朝廷工作を行う。さらに薩摩が畿内に出兵して圧力を加えても、幕府や会津藩、桑名藩などが強硬姿勢を貫く場合、薩摩は幕府との決戦に及ぶ、ということも表明している。

中岡慎太郎《なかおかしんたろう》
1838〜1867

政治体制を確立するために不可欠だと考えた。

誰もが不可能だと考えていた薩長同盟を実現させたのは、龍馬が考えた奇策であった。それは武器が買えない長州藩に代わり、龍馬が経営している亀山社中《かめやましゃちゅう》が薩摩名義で武器を購入する。そして米が不足していた薩摩藩へは、長州から米を納入する、というものだ。どちらの藩にとってもメリットのある策であるが、当初はお互いに面子を重んじるばかりで、話が頓挫しそうにもなった。

だが龍馬と中岡による和解工作が功を奏し、慶応2年（1866）1月21日、京都の薩摩藩邸において薩摩の西郷隆盛と長州の桂小五郎の会談が実現。ここで交わされた密約は「長州藩の状況が悪くなっても薩摩藩はこれを助ける」というもので、倒幕行動を起こすことではない。ただこれ以降、薩摩は幕府による第二次長州征伐への出兵を拒否するなど、薩長は連携を強めていった。

寡兵の長州軍に敗北を喫した幕府軍

第二次長州征伐

大軍を動員した幕府軍、長州征伐での完全敗北

高杉晋作ら急進派が再び藩の実権を握ったことで、長州は以前にも増して幕府との対決姿勢を鮮明に表わすようになってきた。薩摩との同盟が締結されたことも、長州の自信となったのである。この同盟の効果はすぐに現れた。喉から手が出るほど欲しかった新式の銃と蒸気船を薩摩名義で亀山社中が購入。それを伊藤俊輔(博文)と井上聞多(馨)が長崎で受け取っている。

こうした長州の態度に業を煮やした幕府は、再び征討軍を編成することを決め諸藩に通達した。ところが頼みとしていた薩摩は、出兵を拒否してきたのだ。これは薩長同盟による既定路線であったが、幕府は困惑する。だが、長州をこのままにしておくことはできないので、薩摩抜きで軍を編成した。それでも約15万もの兵力を集めたのである。

洋式の軍装で身を包み、野営用のテントの前に並ぶ幕府側の兵士たち。洋服に刀を落とし差しにしている姿に、軍制改革の過渡期を感じる。個人蔵

これに対して長州軍はわずか3500人程度であった。この兵力差から幕府側は、それほど苦労もなく勝利できると確信していた。ところが動員された諸藩の兵たちは、この戦いは自分たちの利害とはまったく関係のないものと考えていたため、兵士の士気は甚だ低かった。

一方、寡兵ではあるが長州軍は、大村益次郎により軍制も西洋式に改革されている。しかも大村は、四方から押し寄せる大軍の攻撃に備えるには、従来の武士だけでなく農民、町人階級から組織される市民軍の確立が急務と考えた。その給与を藩が負担し、併せて兵士として基本的訓練を行わなければならないと訴えた。

こうしてそれまでは有志によって構成されていた諸隊を整理統合し、藩の統制下に組み入れた。

慶応2年（1866）6月7日、幕府は第二次長州征伐開始の号令をかける。大村が実戦の指揮を執った石州口では、最新の武器と巧妙な用兵術を縦横に活用。それは無駄な攻撃を避け、相手が自滅に陥ったところを攻撃するという合理的なもので、旧態依然とした戦術に捉われた幕府側をことごとく撃破した。そして6月16日、長州軍圧勝で終わる。大村は中立的な立場をとっていた津和野藩領内を

第一次長州征伐は元治元年（1864）8月に行われるも、征討軍が藩領に迫ると長州藩は降伏。戦闘には至らなかった。第二次長州征伐は6月7日から8月1日まで。幕府軍の大島上陸から始まり、小倉城落城で終結。結果は幕府側の大敗であった。
石州口の戦い
6月16日
最新のミニエー銃で武装した長州軍は、射程の長さを生かして幕府軍に圧勝する。
幕府軍
長州軍
長州軍 約3500人 対 幕府軍 約15万人
石見
安芸
萩
広島
長州藩領
長門
山口
周防
岩国
芸州口の戦い
6月19日
幕府軍約5万対長州軍約1000人。旧式の装備しか持たない幕府軍は撃退するも、洋式の兵器で武装した紀州藩中心の軍には苦戦。膠着状態に陥る。
下関
田ノ浦
門司
豊前
小倉口の戦い
6月16日～8月1日
高杉晋作に率いられた長州艦隊が攻撃。坂本龍馬も乙丑丸に乗船し参戦する。8月1日に小倉城は落城する。
大島口の戦い
6月7～12日
7日に上陸してきた幕府軍に対して、軍艦を率いた高杉晋作が12日に急行。幕府軍に夜襲を仕掛けて撃退する。

第二次長州征伐要図

芸州口の戦いだけが、かろうじて五分に近かったが、ほかの地域の戦闘ではことごとく長州方が優位な戦いを繰り広げていた。長州方の勝利を決定づけたのは、大村益次郎率いる石州口と、高杉晋作率いる小倉口での勝利であった。

通過して浜田まで進出。7月18日には浜田城を陥落させたうえ、石見銀山を占領した。

ほかの戦線も長州側が優勢に戦いを進めていた。幕府にとっては予想外の苦戦が続くなか、さらなる不幸に見舞われる。長州征伐のために大坂までやって来ていた将軍徳川家茂が病に倒れ、7月20日に薨去《こうきょ》したのである。そして8月1日に小倉城が陥落すると、徳川慶喜はこの戦いにおける勝利を断念。それまで伏せていた将軍家茂の死を公表するとともに、勝海舟を派遣して講和を結んだ。

長州征伐が失敗に終わったことは、幕府がすでに張り子の虎になったことを知らしめた。以後、その権威は地に落ちたのである。

土佐勤王党の盟主、武市半平太切腹す

黒船来航以来、いち早く攘夷と土佐藩を挙げての勤王運動を推進するため、土佐勤王党を結成した武市半平太《たけいちはんぺいた》(瑞山)。一時期は藩論を尊王攘夷とすることに成功。京洛においても、その運動の中心的な存在となっていた。しかし「八月一八日の政変」後、前藩主山内容堂《やまうちようどう》により投獄され、慶応元年(1865)閏5月11日に切腹。これにより土佐の勤王運動は後退した。

将軍、天皇の相次ぐ不幸で後ろ盾を失う　瀕死の幕府が打った大博打

薩長に土佐が味方する、将軍慶喜が打った奇策

幕府による長州征伐の試みは、停戦という名の敗北に終わる。これによって幕府は、広く世間に弱体化を晒すことになってしまった。こうした状況を見極めた薩摩藩は、日本の政治をこれ以上幕府中心で動かすことの無意味さを痛感。そしていよいよ朝廷を動かして、武力による政権交代を正当化するための「討幕の密勅」獲得を画策し始めたのである。

こうした薩長の動きに遅れをとったのが土佐藩だ。土佐藩の尊攘派の中心人物であった武市半平太は、慶応元年（1865）閏5月11日、前藩主山内容堂により切腹させられていた。だが予想以上に幕府が弱体化しているのを見せつけられたため、後藤象二郎《しょうじろう》を登用して藩論を再び尊王方向に転換したのである。

慶応2年（1866）8月20日、大坂城内で没した徳川家茂に代わり、徳川慶喜が徳

川宗家を相続。しかしながら将軍職は固辞し続けた。そして十五代将軍に就任したのは、12月5日になってからのこと。これは周囲に恩を売ることで、政治活動が有利になる、という考えがあってのことといわれている。

この年の12月25日、攘夷勢力の拠り所ともいえる孝明天皇が崩御された。このことにより、慶喜ははっきりと開国を指向するようになる。将軍職を引き受けたことで、以後は開国政策が本格化していく。なかでも幕府に肩入れしているフランスからは240万ドル(現在の価値で数百億円)もの巨額援助を受け、横須賀製鉄所や造・修船所などを設立。軍事顧問団も招聘し、幕府軍の大幅な軍政改革も行った。

こうした幕府の姿勢は諸藩に「フランスに日本の政治主導権を握られるのではないか」という不安を抱かせる結果となってしまう。土佐藩もそうした考えを抱いていた。後藤象二郎はまず、薩長に太いパイプを持つ土佐脱藩浪士、坂本龍馬を味方につけることにした。そこで龍馬が立案した「大政奉還《たいせいほうかん》」を、土佐藩の基本方針としたのである。それは将軍自らが政権を朝廷に返上するもので、平和的な革命を目指したものだ。

慶応3年(1867)6月22日、薩摩藩と土佐藩は「大政奉還」と「公議政体」を目指し、薩土同盟を締結する。薩摩の本当の狙いは武力による討幕だったが、大政奉還が拒否された場合、土佐も討幕のための戦力にできる、と計算したのだ。

だが後藤はその目論見に気付き、10月3日に土佐の前藩主・山内容堂を通じ、慶喜に大政奉還の建白書を提出したのであった。聡明な慶喜はその意味を即座に理解。10月14日には朝廷に大政奉還を上奏した。その前日の13日には薩摩、そして大政奉還と同日には長州に、討幕の密勅が下されていた。これで薩長にとっては、幕府を討つ大義名分が失われてしまったのである。慶喜が打った起死回生の大博打は、この時点では功を奏したように見えた……。

薩摩藩もイギリスへ15名の留学生を送り出す

文久3年（1863）8月、薩英戦争で手痛い思いをした薩摩藩は、講和交渉の席でイギリスに留学生を送ることを提案。これにはイギリス側も驚いた。だが、戦った相手から学ぼうという姿勢を大いに評価。その結果、4名の視察員と15名の留学生が送られることが決定された。留学生のうち、大学に入学できる年齢に達していなかった長沢鼎《かなえ》のみ中学校へ入学。そのほかの14名は長州藩の留学生と同じくＵＣＬの聴講生となり、互いに交歓を重ねるようになった。

薩長の思惑が通り
日本最大の内乱、戊辰戦争開戦

徳川家の影響力排除は新しい体制構築には不可欠

大政奉還が行われ、政権が朝廷に返上された後も、徳川慶喜は政治の実権を握ったままであった。慶喜の考えていた新しい政府は、天皇の下で徳川家が実質的な盟主となり、政治を運営していく、というスタイルであった。あくまで討幕にこだわっていた薩長にとっては、甚だ面白くないことだ。そのため大久保利通らは、何としても慶喜を引きずり下ろすことを画策していた。新しい政治体制に徳川家の影響が残されることを、とにかく嫌ったのである。

右田年英筆『函館五稜郭奮戦之図』。榎本武揚に率いられた旧幕府海軍を主体とした勢力は、明治元年10月21日に鷲ノ木に上陸。陸路を進撃し箱館五稜郭を占拠。馬上が榎本武揚、一番右に描かれているのは土方歳三といわれている。
個人蔵

慶応3年（1867）12月8日に行われた朝議において、「八月一八日の政変」で京都を追われた長州藩主の毛利敬親・元徳父子の官位復旧と入京の許可、三条実美ら五公卿の赦免、岩倉具視らの蟄居《ちっきょ》赦免が決まる。その翌日、朝議が終了して公家衆が退出すると、西郷隆盛の指揮で待機していた5藩の兵が、御所の5つの門を封鎖した。そこへ赦免されたばかりの岩倉具視が参内し「王政復古の大号令」を発したのである。

その内容というのは摂政や関白、征夷大将軍および幕府、京都守護職、京都所司代を廃止。新たに総裁《そうさい》、議定《ぎじょう》、参与《さんよ》という三職を設置する、というものであった。要するに新政府から徳川を完全に排除して薩摩、長州、土佐、それに一部の公家たちが主導する政治体制を確立することを目的としたものである。「大号令」が発せられたことで、約260年間続いてきた徳川幕府は終焉を迎えた。

だが慶喜も様々な人脈を使い、新政府への参画を画策。しかも実現しそうな勢いですらあった。そんな折り、12月23日に江戸城西ノ丸が焼失する事件が起きた。薩摩藩と通じていた奥女中の仕業とされた。さらに庄内藩の屯所が発砲され、これも薩摩の関与がささやかれた。

これに怒った老中の稲葉正邦《まさくに》は、庄内藩に薩摩藩邸を襲撃させたのである。これは上方に「江戸では幕府と薩摩が交戦状態になった」と伝わった。大坂に駐屯していた旧幕府勢力は激高し、慶応4年（1868）1月2日、2隻の幕府方軍艦が兵庫沖に停泊中の薩摩藩軍艦を砲撃。翌3日には鳥羽・伏見の戦いが勃発した。これは薩長にと

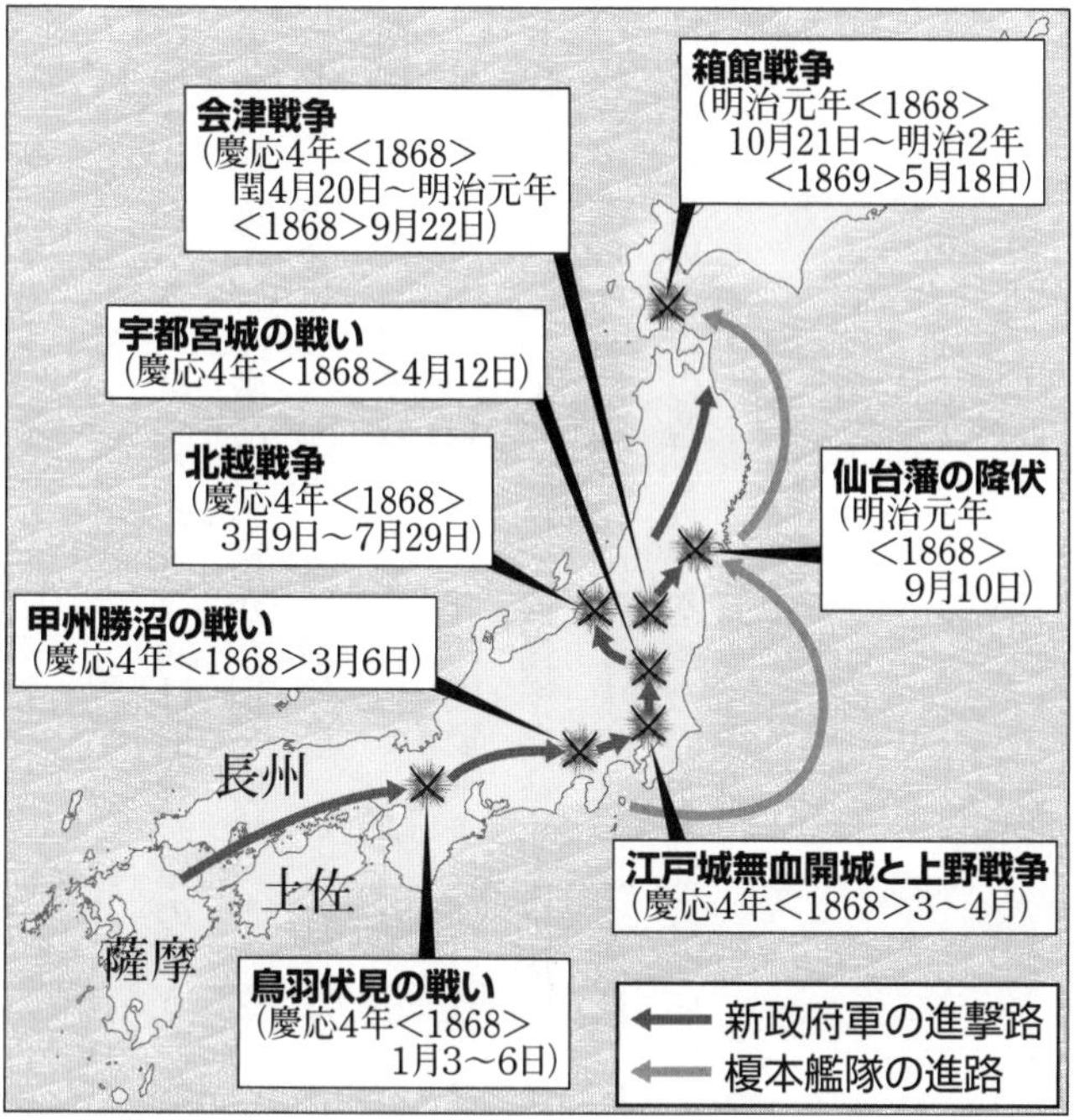

戊辰戦争略図

戦端が開かれたのは京都の郊外である鳥羽・伏見。そこで勝利を収めた新政府軍は東上。東山道の軍は甲府城を落とす。その後、江戸城は無血開城されるが、北越や会津では激戦となった。強力な艦隊とともに箱館を占拠した榎本武揚が率いた軍も手強かった。

って、願ってもない幸運な事態であった。

すでに入京していた薩長の軍（新政府軍）は約5000人、対する旧幕府軍は約1万5000人であった。しかも今回は旧幕府軍のほうが新式の武器を揃えていた。だが3日は指揮系統や戦略の不備から旧幕府軍は苦戦を強いられる。翌4日、朝廷から慶喜追討令が発せられ錦旗《きんき》、節刀《せっとう》が登場。新政府軍は正式に官軍となった。これを見て西国諸藩は一斉に新政府軍側に付いてしまった。

日本史上最大の内戦といわれる戊辰《ぼしん》戦争は、これ以後明治2年（1869）5月18日、箱館五稜郭に籠っていた榎本武揚率いる軍が降伏するまで、1年半に渡り各地で激戦が繰り広げられた。これは強力な中央集権による新しい世の中を生み出すために、避けて通れない産みの苦しみであったのかも知れない。

議会制による新たな政治体制が樹立 新政府、波乱含みの船出

目覚ましい早さで改革断行、西欧諸国を追従する

多くの同胞の血を流しつつも、日本は新しい体制に生まれ変わった。そのきっかけは黒船来航から始まった尊王攘夷運動である。その急先鋒だった長州藩は、今や新政府の中枢を占めている。攘夷を叫んでいたことなどどこ吹く風で、制度や技術、文化といった様々なものが一気に西洋化していった。

その一例として、明治天皇の巡行が挙げられる。それまでの歴代天皇は、京都御所のなかにいて一般の人々とは隔絶されていた。だが維新以降は西洋風の君主を目指し、各地を巡幸して存在感を示したのである。全国各地に明治天皇が滞在したことを記念した碑が立っているのは、そうした理由からなのだ。

そして矢継ぎ早に制度改革が行われていった。明治2年（1869）には薩摩、長州、土佐、肥前の4藩主が、朝廷に対して版籍奉還《はんせきほうかん》を願い出ている。これは大久保利通や

木戸孝允《たかよし》の根回しによるもので、倒幕の原動力となった藩が版図（領地）と戸籍（人民）を進んで朝廷に返上すれば、他藩も我れ先に続くことを見越したものであった。

さらに明治4年（1871）には廃藩置県《はいはんちけん》が断行され、藩も武士も姿を消してしまう。それまでは藩主がいる小さな国の集合体で、それを徳川幕府が統制していたのを、完全な中央集権制度に変えたのである。この制度は中央政府の権限が大きくなるため、様々な改革が断行しやすくなる、というメリットがある。

生活も凄まじい早さで欧風化していった。公家はお歯黒をやめ、武士から庶民まで髷《まげ》を落とした。洋服に靴を履いた人も増え、

明治初年の主な出来事

慶応4年（1868）
1月3日　鳥羽伏見の戦い
3月13日　勝海舟と西郷隆盛が会談
4月11日　江戸城無血開城
5月15日　彰義隊、上野で新政府軍に敗退
8月23日　新政府軍、会津若松城を攻撃

明治元年（1868）
9月8日　明治に改元
10月25日　榎本武揚らが箱館五稜郭を占拠

明治2年（1869）
5月11日　新政府軍、五稜郭を総攻撃、18日陥落
6月17日　版籍奉還を実施

明治4年（1871）
2月13日　薩摩、長州、土佐により御親兵を創設
7月14日　廃藩置県を断行
11月12日　岩倉使節団、海外視察に出発
11月23日　府県を3府72県とする

明治新政府は積極的に西洋の技術や文化を導入。そのために政府要人の海外視察も行われた。岩倉使節団は政府首脳と留学生など、107人で構成されていた。
山口県文書館蔵「特命全権岩倉使節一行」

明治5年（1872）
9月12日　新橋～横浜間に鉄道が開業
10月4日　官営富岡製糸場が開業
12月3日　太陽暦を採用、この日が明治6年元日に
明治6年（1873）
8月3日　西郷隆盛、征韓の意見書を提出
10月24日　明治天皇、朝鮮遣使を却下
明治7年（1874）
2月1日　佐賀の乱
5月22日　台湾出兵
明治9年（1876）
3月28日　廃刀令
10月24日　神風連の乱
10月26日　秋月の乱
10月28日　萩の乱
明治10年（1877）
2月15日　西南戦争勃発
3月3日　田原坂の戦い
9月24日　西南戦争終結
明治11年（1878）
5月14日　大久保利通暗殺

肉食も瞬く間に全国へと広がった。西洋風の建物も多く建てられるようになり、街並みは西洋風に変わっていった。特に明治5年（1872）の大火がきっかけとなり、銀座はレンガ造りの街並みへと変貌したのである。政府要人の海外視察も行われ、急ピッチで西洋に追いつこうとする努力がうかがえる。しかし急激な変化には、相応の反発も生まれて来る。版籍奉還、それに続く廃藩置県により禄を失った武士たちは、新政府のやり方に不満を抱き始めた。明治初期は、そんな空気が漂っていたのだ。

富岡製糸場閉鎖の危機を救った楫取素彦の功績

明治3年（1870）、政府は外貨を獲得するために主要な輸出品目を定めた。そのなかでも重要視したのが生糸であった。政府は洋式機械製糸法の導入と、大規模な官営工場の建設に踏み切った。これが現在は世界遺産に登録されている、群馬県の富岡製糸場である。しかし経営はうまくいかず、明治13年（1880）には早くも払い下げの対象となる。そして「請願人がいなければ閉鎖」という方針が打ち出された。しかし手を挙げる企業はなく、閉鎖が決定する。だが群馬県令だった楫取素彦が存続の請願書を政府に提出。これが認められ、存続したのである。

幕末から維新まで多くの傑物を輩出
長州閥その光と影

維新と共に政治体制は大きく転換し薩長藩閥を形成

戊辰戦争が行われている最中の慶応4年（1868）3月14日、新政府の基本方針となる「五箇条の御誓文《ごせいもん》」が明治天皇によって発せられた。さらに7月17日に江戸を東京と改称すると、9月8日には元号を明治に改元した。こうした一連の流れは、新政府が急ピッチで近代的な中央集権国家を建設しようと取り組んでいたことの表れである。

しかし、船出したばかりの明治政府は深刻な財政難に直面していた。そこで財政の基盤をきちんと構築するために、明治2年（1869）6月17日に版籍奉還を実施する。これは天皇に土地（版）と人（籍）を返還することを、各藩主に要求したものである。この年の1月には薩摩、長州、土佐、肥前の4藩が先行して版籍奉還を行っている。これら力のある藩が見本を示したことで、6月の本採用の際に大きな混乱は生じなかった。

次いで明治4年（1871）7月14日には、廃藩置県が行われた。文字通り藩をなくし、新たに3府302県を設置。知藩事となっていた旧藩主たちは東京に移住させられ、各県には中央政府から県令が送り込まれた。こうして新しい官制を確立していくと、維新の原動力となった長州と薩摩に土佐、肥前を加えた4藩の出身者が参議や各省の卿《きょう》（大臣）や大輔《たいふ》（次官）を独占した。

その後、岩倉具視を特命全権大使とした岩倉使節団が欧米を歴訪している間、国内では征韓論の嵐が吹き荒れた。それにより土佐や肥前の出身者の多くが政府中枢から離脱し、下野《げや》してしまう。その結果、薩長藩閥といわれる権力構造が出来上がっていくのである。

山県有朋による強大な派閥は長く政官軍に影響力を発揮

藩閥政治はしばしば情に流され、様々な癒着構造を生み出してしまいがちだ。その一方で政治家と官僚、さらには軍部にいたるまで、円滑な人間関係を構築できる利点もある。実際、一刻も早く国力を増強したかった日本にとって物事がスムーズに運ぶ

［首相］47都道府県で最多となる8人もの総理大臣を輩出

伊藤博文《いとうひろぶみ》 1841〜1909

吉田松陰のもと尊王攘夷に挺身するも英国留学で先進的な考えを持つ。初代を含め4度総理大臣を務める。

国立国会図書館蔵

山県有朋《やまがたありとも》 1838〜1922

松下村塾で学ぶ。奇兵隊の軍監として活躍し、戊辰戦争にも参加。首相、陸相、司法相などを歴任。

国立国会図書館蔵

桂太郎《かつらたろう》 1848〜1913

戊辰戦争に従軍後、明治3年にドイツ留学。その後、日英同盟や日露戦争を首相として主導した。

国立国会図書館蔵

寺内正毅《てらうちまさたけ》 1852〜1919

陸軍士官学校長、初代教育総監などを歴任。西園寺内閣での陸相を経て大正5年（1916）に首相就任。

国立国会図書館蔵

田中義一《たなかぎいち》 1864〜1929

日清戦争従軍後にロシアへ留学。日露戦争では満州軍参謀として活躍。昭和2年（1927）に首相就任。

国立国会図書館蔵

岸信介《きしのぶすけ》 1896〜1987

東条英機内閣で商工相を務める。昭和32年（1957）に首相就任。日米安保条約を改定し、批准。

国立国会図書館蔵

佐藤栄作《さとうえいさく》 1901〜1975

内閣官房長官を務めた後、第24回衆議院議員選挙で当選。首相連続任期期間は7年8カ月。

安倍晋三《あべしんぞう》 1954〜

母方の祖父は岸信介。大叔父は佐藤栄作という政治一家で育った。現在は第4次安倍内閣。

ことは得難いことだった。

だが議会政治を目指す勢力にとって藩閥政治は許し難く、その専横をおおいに攻撃。そうした状況でも、国会開設や憲法の発布など近代国家としての体裁を整えていった。

そして藩閥政治をもっとも利用したのが、長州出身の山県有朋であった。山県は政界のみならず、官僚や軍部においても自らが領袖となる強大な長州閥を築き上げた。しかも長きにわたって影響力を発揮し続けたため「山県閥」とも呼ばれたほどであった。同じ長州出身者で、初代内閣総理大臣を務めた伊藤博文は、こうした藩出身者にこだわるところは少なかったと言われている。

そして山県の築いた長州閥は、桂太郎に引き継がれて行く。桂が大きく出世する要因となったのは、彼の叔父である中谷正亮《しょうすけ》が吉田松陰の友人であり、なおかつ松下村塾をバックアップしてくれた存在だったことを抜きには考えられない。

彼は明治34年（1901）に総理大臣となった際、閣僚の多くを山県閥の人脈で埋めた。そのため世間からは冷ややかな目で見られたが、伊藤博文、山県有朋、井上馨といった長州の元勲たちが支えてくれたため、日露戦争という未曾有の国難をよく乗

［政治家］さまざまな要職に見られた長州出身者たち

井上馨《いのうえかおる》 1836～1915

桂小五郎や高杉晋作らと尊王攘夷運動で活躍。第1次伊藤内閣で外相就任。不平等条約改正に奔走。

国立国会図書館蔵

山田顕義《やまだあきよし》 1844～1892

松下村塾で学び尊王攘夷運動に奔走。維新後、兵部大丞就任。後に司法相としても活躍した。

国立国会図書館蔵

品川弥二郎《しながわやじろう》 1843～1900

戊辰戦争に参加した後、欧州に留学。帰国後、内務大書記官や内務小輔、農商務大輔を歴任した。

国立国会図書館蔵

青木周蔵《あおきしゅうぞう》 1844～1914

医学修行を経て、明治元年にドイツ留学。外務省入省。駐独、オーストリア公使などを兼任した。

国立国会図書館蔵

松岡洋右《まつおかようすけ》 1880～1946

13歳で渡米。オレゴン州立大学卒業。外交官として活躍し日独伊三国同盟や日ソ中立条約を締結。

国立国会図書館蔵

り切ることができた。

陸軍に硬直した考えを植えた長州閥による人事

長州、維新後の山口県出身の総理大臣は、2018年4月現在で他都府県を圧倒する8人である。2位は東京都の5人。それに引きかえ旧薩摩藩であった鹿児島県は3人だ。

藩閥の影響力が残っていた戦前は、長州閥から5人の首相が誕生している。しかも複数回組閣した者も多く、その隠然たる力は侮り難い。そして薩長の藩閥は、総理大臣のポストだけに止まっているものではなかった。その周囲を固める閣僚クラスの政治家も、薩長出身者が多かったことは容易に想像できるだろう。

また薩長藩閥が顕著だったのが陸海軍のトップである。特に明治から大正にかけて日本陸軍幹部は、長州人によって形成された。実力がなくてもこの系列であれば、出世が約束されていたようなものであった。

薩摩閥が強かった海軍が、いち早く能力主義・合理主義を取り入れ、人材も広く求めたのに対し、長州閥の陸軍では精神主義と規律主義、さらには形式主義をもってそ

［軍人］近代陸軍の基礎を固めたが藩閥による硬直化も生む

乃木希典《のぎまれすけ》 1849〜1912

日露戦争では第3軍司令官として旅順攻略を指揮、多大な被害を生む。明治天皇に殉死。

国立国会図書館蔵

佐久間左馬太《さくまさまた》 1844〜1915

大村益次郎に西洋兵学を学ぶ。陸軍大尉任官。日清戦争では威海衛を攻略し、占領地総督を務めた。

国立国会図書館蔵

長谷川好道《はせがわよしみち》 1850〜1924

近衛師団長として日露戦争に従軍。第2次西園寺内閣では、上原勇作陸相を辞任に追い込んだ。

国立国会図書館蔵

三浦梧楼《みうらごろう》 1847〜1926

藩校明倫館に学ぶ。奇兵隊に入隊し戊辰戦争で活躍。明治21年（1888）に学習院長に就任した。

国立国会図書館蔵

児玉源太郎《こだまげんたろう》 1852〜1906

戊辰戦争に参加後、陸軍へ。日露戦争では満州軍総参謀総長として活躍し、大山巌総司令官を補佐。

国立国会図書館蔵

の特徴としていた。長州陸軍の精神主義を代表する人物といえば、乃木希典が挙げられる。そして規律主義・形式主義は山県有朋と寺内正毅だ。こうした特色は、太平洋戦争に敗北し、陸海軍が解体されるまで続いた。

戦後になって総理大臣を務めた岸信介の曾祖父佐藤信寛《のぶひろ》は、吉田松陰に兵要禄を授けた人物。佐藤栄作は岸の実弟である。歴代の総理大臣のなかで、最長の連続在任期間を誇っている。そして現総理である安倍晋三にとって岸は母方の祖父、佐藤は大叔父である。松陰の「至誠にして動かざるもの、これいまだあらざるなり」を座右の銘としている。

第四章「勇躍する維新の志士たち」の出来事

慶応元年（1865）　5月11日、武市半平太の切腹により、土佐勤王党が瓦解
慶応2年（1866）　1月21日、薩摩藩と長州藩の間に、薩長同盟が密かに結ばれる
6月7日、幕府による第二次長州征伐
7月20日、徳川家茂、死去
12月5日、徳川慶喜が第十五代将軍に就任
12月25日、孝明天皇、崩御
慶応3年（1867）　4月14日、高杉晋作、死去
5月26日、いろは丸事件
6月22日、薩摩藩と土佐藩が、薩土同盟を締結
10月3日、土佐藩主・山内容堂を通じて、徳川慶喜に大政奉還の建白書が提出される
10月14日、大政奉還
11月15日、近江屋にて坂本龍馬と中岡慎太郎が襲撃される。龍馬は絶命。慎太郎は17日に死去
12月9日、王政復古の大号令。徳川幕府の終焉
慶応4年（1868）　1月3日、鳥羽・伏見の戦いが勃発。戊辰戦争が始まる
3月14日、明治天皇、五箇条の御誓文を下し、明治政府の基本方針を示す
4月11日、江戸城が明け渡される
4月25日、新選組の近藤勇、斬首
9月8日、明治と改元
明治2年（1869）　5月11日、土方歳三が箱館戦争で戦死
5月18日、新政府軍の総攻撃により榎本武揚らが降伏。戊辰戦争終結

幕末人物伝

新時代のために
生きた人々の群像

1 黒船来航時の幕臣と大名

大老

井伊直弼《いいなおすけ》

［文化12年（1815）〜安政7年（1860）］

日本の開国を推し進めて近代化を目指そうとした幕府の重鎮

先々代の藩主・井伊直中《なおなか》の十四男として彦根に生まれた直弼は、兄弟が多く庶子であったため、藩政の表舞台に立つ機会はなく、世捨て人のように諦観《ていかん》を抱えながら生きていた。そんな時、兄で藩主・直亮《なおあき》の子が急逝する。直亮にはほかに嫡子がなく、井伊家の血を絶やすことはできないと考えた彦根藩は、直弼に白羽の矢を立てた。こうして直弼は、嘉永3年（1850）、直亮の死を受けて第十五代藩主となった。藩主に就任すると、幕政改革を実施して名君と呼ばれた。しかし、不安定な幕政や外国船による脅威など、心休まる暇はなかった。溜間《たまりのま》詰大名の筆頭となった直弼は、黒船来航に伴う江戸湾防備で活躍。この頃、江戸城内は水戸藩ら尊王攘夷派と、老中・堀田正睦《まさよし》ら開国派の対立が深刻な問題となっていた。不遇だった青少年期から諸国の情勢を学んでいた直弼は、もともとは鎖国論者だったが、我が国を守るためには列強との通商貿易が必要であるとして、開国を主張。また、将軍継嗣問題では紀伊藩主・徳川慶福《よしとみ》を推挙し、直弼ら南紀派は、一橋慶喜を推す一橋派と対立した。

南紀派の政治工作によって、安政5年（1858）、直弼は大老に就任する。通商条約の締結を求めるアメリカ総領事ハリスに対し、直弼は孝明天皇の勅許を待ち、朝廷や幕府、諸藩をまとめたうえで調印に臨もうとしていたが、実現することはなかった。同年、日米修好通商条約に調印。これが違勅調印にあたるとして、直弼は一橋派や尊王攘夷派から攻撃を受ける。一方の幕府は、そうした反対勢力を粛清する、いわゆる安政の大獄を断行。直弼はこの弾圧の首謀者と見なされ、「井伊の赤鬼」と揶揄された。憤激した志士から命を狙われる存在となった直弼は、安政7年（1860）、水戸脱藩浪士ら18人に襲撃され、首を刎ねられた。この「桜田門外の変」によって、江戸幕府の権威は大きく失墜。尊王攘夷運動が激化することとなり、世は更なる激動期に入っていく。

常陸水戸藩第九代藩主

徳川斉昭《とくがわなりあき》

［寛政12年（1800）～万延元年（1860）］

藩政改革に成功した名君であり最後の将軍・徳川慶喜の実の父

30歳で水戸藩の第九代藩主となった徳川斉昭は、藩校・弘道館を設立して下級層からも人材を登用することに努め、後に斉昭の腹心として双璧をなす藤田東湖《とうこ》と戸田忠太夫《ちゅうだゆう》をはじめ、多くの藩士を用いて藩政改革に着手した。斉昭自身が甲冑姿で陣頭に立ち、「追鳥狩《おいとりがかり》」と呼ばれる大規模な軍事訓練を実施。「国民皆兵」を唱えて西洋近代兵器の国産化を推進するなど、軍制改革も実施した。また、貧民救済を目的に稗倉《ひえ》を設置。こうした積極的な取り組みは、全国の他藩や幕府にも影響を及ぼし、水野忠邦による天保の改革に示唆を与えたといわれている。さらに、北方防備と藩財政への寄与の観点から、幕吏・間宮林蔵に蝦夷地の事情を問い、実際に調査を試みて、天保10年（1839）には斉昭自ら『北方未来考』を著し、蝦夷地開拓許可の請願を幕府に繰り返し行った。

嘉永6年（1853）、老中首座・阿部正弘の要請で海防参与として幕政に関わったが、斉昭は水戸学の立場から強硬な攘夷論を主張。その2年後、軍制改革参与に任命されてなお開国論に猛反対して、開国を推進する大老・井伊直弼と対立する。両者の溝は、斉昭の息子・一橋慶喜を擁した将軍継嗣問題と日米修好通商条約の無断調印でさらに深まり、やがて井伊が激怒して、斉昭に隠居謹慎の命を下す。万延元年（1860）、蟄居《ちっきょ》処分のうちに心筋梗塞によって水戸で急逝。名君と謳われた斉昭の死後、柱石を失った水戸藩は激しい内部紛争に陥った。

備後福山藩第七代藩主

阿部正弘《あべまさひろ》

［文政2年（1819）〜安政4年（1857）］

江戸幕府の老中首座として安政の改革を推し進めた

わずか25歳で老中に昇進した阿部正弘は、弘化2年（1845）、老中首座・水野忠邦に対し、天保の改革の際の不正を理由に罷免させ、自ら後任となった。ペリーが渡来して開国を要求すると、積極的な政策を見出せなかった正弘は、事態を穏便にまとめる形で、安政元年（1854）に日米和親条約を締結。鎖国政策は終わりを告げた。さらに、ペリーのもたらしたアメリカの国書を諸大名や幕臣に示し、忌憚ない意見を要求。このことによって、幕府の独裁を建前とする政治のあり方が崩れ始めた。正弘は有力大名との協調策をとり、まず前水戸藩主・徳川斉昭を海防参与に任命。また、外様の中心人物である薩摩の島津斉彬に接近し、斉彬の養女である篤姫を将軍・家定に嫁がせた。加えて、徳川一門の有力者、越前藩主・松平慶永とも緊密な関係を保った。

ところが、こうした協調・融和政策が大老・井伊直弼の怒りを買い、直弼を仰ぐ親藩・譜代大名との関係も悪化。孤立を恐れた正弘は、開国派の堀田正睦《まさよし》を老中に起用して老中首座を譲り、摩擦回避を図った。その後は老中在任のまま、後に日本陸軍となる講武所や日本海軍の前進である長崎海軍伝習所の開設をはじめ、洋式兵術の導入に努めた。また、東京大学の源流諸機関のひとつである洋学所を創設して、西洋文化の吸収を進めた。正弘は幕政全般を立て直す、いわゆる安政の改革を断行していたが、安政4年（1857）、志半ばで病に倒れ急死した。

薩摩藩第十一代藩主

島津斉彬《しまづなりあきら》

［文化6年（1809）～安政5年（1858）］

薩摩藩の富国強兵を進めて明治維新へとつながる源を作った

嘉永4年（1851）、40歳を過ぎてようやく薩摩藩第十一代藩主の座に収まった島津斉彬は、まず西洋文明を輸入して洋学者を招き、蘭学を翻訳させて科学の研究と実用化に努めた。これは日本の植民地化を憂慮してのことであり、富国強兵と殖産興業をスローガンとして長年温めていた集成館事業の計画に着手し、現在の鹿児島市磯地区を中心として、アジア初の近代洋式工場群の建設に取り掛かった。大砲の製造や洋式帆船の建造といった軍事から、ガス灯をはじめとしたインフラ整備に至るまで、幅広い分野にわたって事業を展開。近代工業化を急速に進めた。また、下級革新派の西郷隆盛や大久保利通らを積極的に登用。後に「順聖公（島津斉彬）御遺志」は、西郷や大久保などいわゆる誠忠士にとって改革の旗印となった。

第十三代将軍・徳川家定の後継者問題が起こると、大老・井伊直弼と対立。斉彬は次期将軍に慶喜を推して一橋派に与し、自らの養女である篤姫を、近衛家に出した上で家定の正室として嫁がせるなど工作を図った。しかし、直弼が推す紀州藩主・徳川慶福が名を改め第十四代将軍・徳川家茂となり、斉彬はこの将軍継嗣問題で敗北する。この結果、一橋派は大弾圧を受け、斉彬はこれに憤り、藩兵５０００人を率いての上洛を計画。ところが、安政５年（１８５８）、出兵のための演習を指揮している最中に発病し、そのまま死去した。当時流行したコレラが原因とも毒殺ともいわれている。

伊予宇和島藩第八代藩主

伊達宗城《だてむねなり》

［文政元年（1818）〜明治25年（1892）］

戊辰戦争が始まると薩長に抗議、新政府参謀を辞任する

天保15年（1844）、隠居した養父・宗紀の後を継いで伊予宇和島藩の八代藩主に就いた伊達宗城は、宗紀による殖産興業策を発展させる形で藩政改革に取り組んだ。木蝋の専売化や石炭の埋蔵調査などを実施して藩内物産を盛んにし、一方で改革の重点を富国強兵策に置き、高野長英や大村益次郎を招いて西洋兵学を研究。洋式訓練を行うなど、藩の兵力を強化した。こうした経済力と軍事力を背景に、幕政に対して大きな発言力を持つようになった宗城は、将軍継嗣問題の際、慶喜を擁立して幕政改革を志す一橋派の有力メンバーとなって活躍する。宗城は、福井藩主の松平春嶽、土佐藩主の山内容堂、薩摩藩主の島津斉彬と交流を持ち、四賢侯と謳われた。しかし、やがて一橋派は敗北。宗城は安政の大獄を機に、封を嗣子・宗徳に譲って隠居することになった。

その後も藩政に影響を与え続け、謹慎を解かれると、幕政においても有力な存在と

なっていった。戊辰戦争が勃発すると、薩長の行動に抗議して新政府参謀を辞任したが、民部卿兼大蔵卿に就任して、鉄道敷設のためイギリスからの借款を取り付け、さらに欽差《きんさ》全権大臣として清との間で日清修好条規に調印。ところが、明治4年（1871）に中央政界を引退。その後、明治14年（1881）に世界周遊の一環で日本に立ち寄ったハワイ国王カラカウアを接待し、その返礼として勲章を授与される。静かな晩年を送り、明治25年（1892）に病没した。

土佐藩第十五代藩主

山内容堂《やまうちようどう》 ［文政10年（1827）～明治5年（1872）］

徳川慶喜への建白によって時代を動かした幕末四賢候の一人

山内容堂は、嘉永元年（1848）に土佐藩の第十五代藩主に就任すると、すぐさま吉田東洋を起用した。容堂は門閥・旧臣による藩政を嫌い、そのため「新おこぜ組」と称された革新派勢力の中心人物である東洋を大目付に抜擢したのだった。海防強化に伴う西洋軍備の採用、財政や身分制度の改革、文武官設立などを断行して、藩政改革を推進した。東洋は酒宴における旗本殴打事件を引き起こして謹慎の身となるが、容堂は彼を再び起用。東洋は後に藩の参政となる後藤象二郎らを登用した。将軍継嗣問題が起こると一橋派に与し、公議政体による平和改革を建策した。同時に、条約勅許問題にも関与。しかし、京都朝廷に通牒したとして大老・井伊直弼に迫られて隠居の身となり、前藩主の弟に座を譲った。

謹慎を解かれると、一橋慶喜と松平春嶽に協力して幕府への政治交渉を進め、公武融和に奔走。また、慶喜には大政奉還を建白し、公議政体論による平和改革を建策した。ところで、容堂は藩内の勤皇志士を弾圧する一方、朝廷に奉仕して幕府に協力。このため、「酔えば勤皇、覚めれば佐幕」と揶揄された。やがて、薩長は佐幕勢力への圧力を弱めず、政変による王政復古令を発表。山内はその非を鳴らして岩倉具視と激論を交わす。明治維新後は内国事務総裁に就任したが、程なくして辞職。晩年は妾を十数人囲い、酒楼で豪遊する生活を送っていたが、明治５年（１８７２）、長年の痛飲がたたって脳溢血で倒れ死去した。

越前福井藩第十六代藩主

松平春嶽《まつだいらしゅんがく》

［文政11年（1828）～明治23年（1890）］

幕末四賢候の一人として活躍王政復古後は薩摩・長州と距離を置く

本名は慶永《よしなが》。松平春嶽は、後に新政府の参与となる中根雪江、若手の逸材である橋本左内らを登用した。安政5年（1858）には、熊本藩で藩政改革に取り組むも、反対派に追いやられた横井小楠《しょうなん》を招いて顧問とし、藩政の立て直しを図った。また、藩校・明道館を創設して洋書習学所を付設。種痘館の設立や西洋砲術・銃陣調練の開始、大砲小銃の大量鋳造など、時代即応の改革を行った。嘉永6年（1853）、ペリー率いる艦隊が来航して通商を求めた際には、水戸の徳川斉昭や薩摩の島津斉彬と共に海防強化と攘夷を主張するが、老中の阿部正弘らと交流して開国派に転向。春嶽は文化の交流と物資の交易を緊要とする幕政の改革を建言し、近代国家形成を志向した。しかし、大老・井伊直弼とは政策を異にし、日米修好通商条約の無断調印を糾弾するために不時登城したため、隠居謹慎の処分を受け、31歳で藩主の地位を失った。謹慎解除後、勅旨によって政事総裁職に就任。将軍後見職の一橋慶喜と協力し、将軍・家茂を補佐する重役として幕政に関与した。ところが、春嶽が主張する朝幕融和は受け入れられず、文久3年（1863）に辞表を出して帰国。大政奉還を前に、慶喜に対して絶対服従を勧め、徳川一族の救済にも精魂を尽くした。王政復古後、薩長の討幕運動から距離を取り、新政府では内国事務総督や大蔵卿などを歴任。明治3年（1870）に政務を退いた後は文筆生活に入り、自邸で死去した。

2 幕末の日本を案じた思想家と学者

長州藩士

長井雅楽《ながいうた》 ［文政2年（1819）〜文久3年（1863）］

航海遠略策を建白した開国論者攘夷派によって切腹に追いつめられる

名門の家に生まれ、長州藩の藩校・明倫館で学んだ長井雅楽は、藩主・毛利敬親の側につき、奥番頭となって敬親から厚い信頼を受けるようになる。安政5年（1858）

には、藩政監視役である直目付《じきめつけ》に就任して順調に昇進していった。雅楽は開国論者だった。文久元年（1861）、「航海遠略策」を敬親に建白して藩論となった。これは、我が国は積極的に開国したうえで、公武一和をもって交易を推進し、軍艦を製造して国力を上げ、欧米列強に並ぶ実力を備えてから大陸へ進出すべし、という内容だった。この「航海遠略策」は、朝廷や幕府においても歓迎され、雅楽は敬親と共に江戸で老中と会見すると、同策を建白して公武の周旋を依頼され、長州藩は世間の評判を高めた。おもしろくないのは、藩内の尊王攘夷派である。雅楽は、安政の大獄に連座し、江戸に檻送された吉田松陰を見捨てた宿敵であり、このため松陰の門下生で攘夷論者の久坂玄瑞や前原一誠《いっせい》らに命を狙われることとなる。

雅楽は松陰を批判し、過激派扱いさえしていた。片や松陰は、雅楽を姑息な策を弄する奸臣と見なし、憎悪していた。

文久2年（1862）、幕府で公武合体を進めていた老中・安藤信正が尊攘派の水戸浪士に襲撃された坂下門外の変が起こると、幕府権威の失墜は加速。長州藩内でも攘夷派の勢いが増していき、雅楽の排斥運動は激しくなった。やがて、玄瑞らの朝廷工作が功を奏し、雅楽の「航海遠略説」が朝廷を軽んじる不敬な説として非難され、代わりに朝主幕従を謳う薩摩藩の幕政改革案が用いられた。長州藩は「航海遠略説」を捨て、完全に尊王攘夷へと藩論を転換し、雅楽は敬親によって帰国謹慎を命じられる。そして玄瑞は、攘夷運動により謹慎していた間に草した『廻瀾條議《かいらんじょうぎ》』『解腕痴言《かいわんちげん》』の2冊の時勢論を、藩主の敬親に上提していたのだった。雅楽は免職され、文久3年（1863）、長州藩の責任を取る形で切腹させられた。

水戸藩士・水戸学者

藤田東湖《ふじたとうこ》

［文化3年（1806）～安政2年（1855）］

全国の尊王志士たちの思想に多大な影響を与えた水戸学の大家

水戸学の礎を築いた父・幽谷の薫陶を受けて成長した藤田東湖は、水戸学藤田派の後継者として才を発揮し、水戸藩が『大日本史』を編纂するために置いた修史局の彰考館に勤め、やがて同館の総裁となる。また、藤田派と対立していた立原派との和解に努め、水戸学の権威としての地位を確立。藩主継嗣問題では、徳川斉昭を擁立して奔走した。郡奉行に昇進すると、経世済民に留意し、藩主となった斉昭に意見し、武備充実や庶政刷新の急務を強調した。天保11年（1840）には側用人となって自ら藩政改革にあたり、斉昭の絶大な信用を得るに至った。ところが、弘化元年（1844）に斉昭が隠居謹慎処分を受けると、東湖も共に失脚して、幽閉蟄居《ちっきょ》を命じられる。この間、外国に左右されない国づくりや教育方針を示した『弘道館記述義』『常陸帯』『回天詩史』など、数多くの著作を書いた。現状に対する悲しみと憤りを漂わせたこれらの書物は、幕末の志士たちに大きな影響を与えることとなった。

処分を解かれた後の嘉永6年（1853）、ペリー来航で斉昭が海防参与として幕政に参画すると、東湖は海岸防禦御用掛《かいがんぼうぎょごようがかり》として再び斉昭のもとで幕政に参加することになる。翌年には側用人に復帰。しかし、安政2年（1855）に発生した安政の大地震で圧死する。これは、関東地方南部を襲ったマグニチュード7クラスの直下型地震（安政江戸地震）で、東湖は母親を庇って落下してきた梁の下敷きになったといわれている。

熊本藩士・儒学者

横井小楠《よこいしょうなん》

［文化6年（1809）〜明治2年（1869）］

公武合体で活躍した維新十傑の一人保守派によって暗殺される

天保10年（1839）、横井小楠は故郷・熊本藩の命によって江戸へと遊学に出た。その滞在中、水戸藩士の藤田東湖をはじめとした全国の有為の士と交わる。翌年に帰藩すると、家老の長岡是容《これかた》らと研究会を開いた。この研究会が、後に実学党となり、保守的な学校党や尊皇攘夷を目指す勤王党などのグループと、幕末から明治にかけて政争を繰り返すことになる。また、小楠はこの時期に「時務策」を起草して、藩政を厳しく批判した。天保14年（1843）に私塾を開くと、ここから徳富蘇峰《とくとみそほう》・蘆花《ろか》兄弟の父親など、多くの門弟が輩出していった。そして自宅には、坂本龍馬や井上毅、由利公正《ゆりきみまさ》ら、明治維新や新政府において中心人物となった者が訪れた。

しかし、小楠の思想は、保守的な考えの強い熊本藩では受け入れられず、やがて福井藩に招かれ、藩主・松平春嶽の政治顧問となって藩政改革に携わる。それは、かつて福井藩の求めに応じ、学問と政治の結びつきを論じた『学校問答書』や『文武一途の説』を書いて送ったことなどがきっかけだった。その後、春嶽が幕府の政事総裁職に就任すると、小楠は彼の助言者として幕政改革にも関わるようになる。文久2年（1862）には、龍馬がまとめることになる新国家構想「船中八策」の原案となった「国是七条《こくぜしちじょう》」を説いた。明治元年（1868）に新政府が樹立すると、小楠は参与として出仕するが、翌年、京都の路上で攘夷論者の刺客により暗殺された。

医師・蘭学者

緒方洪庵《おがたこうあん》

［文化7年（1810）～文久3年（1863）］

蘭学塾から多くの人材を輩出した日本近代医学の祖として有名

病弱のため、医学の道に進む決心をした緒方洪庵は、蘭学者・中天游《なかてんゆう》の私塾で4年間学んだ後に江戸へ出て、さらに長崎に遊学してオランダ人医師・ニーマンのもとで医学を修める。大坂に戻ると、医業を開業すると同時に、蘭学塾・適々斎塾《てきてきさいじゅく》（適塾）を開いた。やがて洪庵の名声は広まり、門下生も日に日に増えていく。適々斎塾は全国から人を引きつけ、25年間に3000の書生が出入りしたといわれる。活気にあふれた塾生の生活は、福沢諭吉の『福翁自伝』に詳しい。洪庵のこの塾は、福沢諭吉の他に大村益次郎や橋本左内など、幕末から明治維新にかけて多くの俊才を輩出。洪庵は、蘭学者や医学者としてだけでなく、教育者としても活躍し、大名から庶民までの各層に厚い信頼と高い尊敬を受けた。

嘉永2年（1849）、同じ大坂に除痘館《じょとうかん》を開き、天然痘の予防接種を試みて、翌年には郷里・足守藩の要請で足守除痘館を設けて切痘を施した。日本最初の病理学書『病学通論』を著すなど、広く天然痘の予防に尽力。また、安政5年（1858）のコレラ流行に際しては、『虎狼痢治準《ころりちじゅん》』と題した治療手引き書を出版して医師に配布。日本医学の近代化に努めた。文久2年（1862）、幕府に請われて奥医師兼西洋医学所頭取として江戸に出仕するが、翌年、大量に喀血して窒息により死去。洪庵は西洋医学を修めた医師としては珍しく、漢方にも力を注いだ。これは患者一人一人の最良の処方を常に考えていたからといわれている。

松代藩士・兵学者・朱子学者

佐久間象山《さくましょうざん》

［文化8年（1811）～元治元年（1864）］

佐藤一斎に朱子学を学んで門弟の吉田松陰を育てた

儒学の第一人者・佐藤一斎《いっさい》に朱子学を学んだ後、江戸で私塾・象山書院を開いて儒学を教えていた佐久間象山が、伝統的知識人の範疇から脱するのは天保13年（1842）以降のこと。この年、海防掛老中に就任した松代藩主・真田幸貫《ゆきつら》が、象山を顧問に迎えて海外の事情を研究させた。オランダの百科事典などによって新しい知識を身につけ、深川藩邸では砲学の教授を行ない、勝海舟や吉田松陰、橋本左内ら多くの有能な人材を門下に集めた。また、西洋兵学を修めた象山は、藩主に西洋式火器の大量製造と海軍の設置育成を説いた「海防八策」を献上して高い評価を受けた。さらに、大砲の鋳造に成功してその名をより一層高めた。これ以降も精進し、象山は兵学ばかりでなく西洋の学問そのものに関心を寄せ、ガラスの製造や地震予知器の開発で成功を収める。

ところが、嘉永7年（1854）、門弟の松蔭がアメリカ密航失敗事件を引き起こすと、象山は事件に連座して入獄する羽目となる。44歳から52歳までの8年間を松代で送り、その間に蘭書などを読んで知識を広めた。象山は非常な秀才で、漢学と洋学に通じ、とりわけ原書から直接得た近代科学の知識は、その当時比肩するものがなかった。その一方、尊大で人を見下す癖があったために敵も多かった。一橋慶喜に招かれ上洛した元治元年（1864）、象山を危険視した攘夷派の志士によって暗殺されるが、藩内の同情は薄く、佐久間家は断絶に処された。

儒学者

梅田雲浜《うめだうんぴん》　［文化12年（1815）〜安政6年（1859）］

尊王攘夷を叫ぶ志士たちの先頭で幕府の対応を厳しく非難した

小浜藩藩士・矢部義比《よしちか》の次男として誕生した雲浜は、8歳の時に藩校・順造館に入る。15歳で藩の儒学者・山口菅山《かんざん》から朱子学の一派をなす崎門学を学んだ。その後、祖父の家系である梅田氏を継ぎ、大津に湖南塾を開いて子弟を教育。天保14年（1843）には、京へ上がって藩の塾である名門・望楠軒《ぼうなんけん》の講師となる。これによって、雲浜の名は崎門《きもん》学者として広く知られるようになった。しかし、雲浜の講学の目的はもっぱら経世済民にあり、海防をはじめとした藩政の問題点を藩主・酒井忠義に建言したことから、かえって酒井の忌憚に触れ、38歳で士籍を除かれ浪人となってしまう。

嘉永6年（1853）のペリー来航後、江戸で吉田松陰らと交流するうちに、雲浜は条約反対を訴え尊皇攘夷を求める志士たちの先鋒となり、幕政を厳しく批判するようになる。その後は長州藩に赴いて交易業を営むが、これは将軍に一橋慶喜を擁立するための資金集めだったともいわれている。そして将軍継嗣問題が起こると、一橋派に回って南紀派である大老・井伊直弼を非難した。こうした活動が大老の謀臣・長野主膳の知るところとなり、雲浜は安政の大獄で摘発される。捕縛後は京都から江戸に送られ、取り調べにおいて竹棒で何度も打たれるという激しい拷問を受けたが、「攘夷の大儀」と答えるだけで何一つ口を割らなかったという。安政6年（1859）、獄中で脚気を悪化させて死亡したとされるが、毒殺されたという説もある。

中津藩士・蘭学者

福澤諭吉《ふくざわゆきち》

［天保5年（1834）～明治34年（1901）］

「学問のすすめ」で知られる西洋文明を日本に紹介した教育者

安政元年（1854）、福沢諭吉は19歳で長崎へ遊学して蘭学を学び、翌年大坂へ出て緒方洪庵の適々斎塾に入門した。一度は故郷の中津藩へ帰るが、戻って住み込み学生から再び始め、22歳の時に最年少の塾頭となる。藩から江戸出府を命じられると、藩邸中屋敷で蘭学を教え、英学を独習した。この蘭学塾が慶應義塾の起源となった。安政6年（1859）、幕府の派遣する軍艦奉行の従僕として、威臨丸《かんりんまる》でアメリカへと旅立つ。帰朝後、幕府の翻訳方になり、ヨーロッパを見聞して幕臣となった。慶応2年（1866）には『西洋事情』を著し、当時の日本には存在しなかった西洋の近代的な制度や技術を数多く紹介した。

大政奉還後、帯刀をやめて平民となった諭吉は、明治5年（1872）、「天は人の上に人を造らず人の下に人を造らず」という一節があまりにも有名な『学問のすすめ』の初編を出版。約3年をかけて17編を刊行し、大ベストセラーとなった。森有礼《ありのり》らと日本初の近代的啓蒙学術団体である明六社を起こすと、機関誌「明六雑誌」や訳著書を刊行して啓蒙活動を行った。さらに、甥で実業家の中上川彦次郎に「時事新報」を発刊させ、自由民権運動が激しくなるなか、官民調和を唱え、対外進出を主張して日清戦争を支持した。明治34年（1901）、脳出血で倒れて死去。福澤の特色は、終生在野にあって封建思想批判の立場をとったことにあり、その死後も国民に強い影響を与え続けている。

3 夢半ばに散った志士たち

長州藩士

周布政之助《すふまさのすけ》［文政6年（1823）〜元治元年（1864）］

萩藩の財政改革などに取り組み、有能な人材を次々と取り立てた

周布政之助は、天保の藩政改革に取り組んだ長州藩の家老・村田清風の影響を受けた。村田が改革の途中で病に倒れ、同じく家老の坪井九右衛門が藩政の実権を握った後、政之助は政務座役筆頭に昇進。村田の後を継いで財政再建や軍制改革、殖産興業などの改革に尽力した。また、木戸孝允や高杉晋作をはじめとした吉田松陰の門下を中枢に登用。ところが、藩財政の悪化により失脚してしまう。そして安政5年（1858）に藩政へと復帰した政之助は、直目付・長井雅楽の「航海遠略策」に一旦は同意したが、久坂玄瑞や、木戸孝允らと共に藩是を「破約攘夷」に転換させ、尊王による挙国一致を目指した。しかし、その後の禁門の変や第一次長州征伐で事態の収拾に奔走するうちに、反対派に藩の実権を奪われることになり、最後はその責任を感じて切腹した。

熊本藩士

宮部鼎蔵《みやべていぞう》 ［文政3年（1820）〜元治元年（1864）］

吉田松陰と交流を深めた熊本の志士。池田屋事件で襲撃されて自刃

宮部鼎蔵は、家業である医家を継がずに山鹿流兵法を学び始め、31歳の時に熊本の兵学師範に任命された。家老に従って江戸へ赴いた鼎蔵は、同じく江戸へ出てきていた吉田松陰と出会う。意気投合した二人は、東北諸藩を遊歴し、志士たちと交流を持った。やがて、江戸に戻った鼎蔵は、遊学を打ち切って帰国。その後、松蔭は安政の大獄によって処刑される。さらに失意のなか、追い打ちをかけるようにして、門弟らが引き起こした乱闘事件で罪を得ることになり、兵法師範職を廃されてしまう。鼎蔵は、城下を離れて郷里の村へと退隠。その間、鼎蔵のもとに諸国漫遊中の志士・清河八郎が訪れ、奮起を促す。すると、鼎蔵は決意を新たにして京都へと上り、諸藩の勤王志士たちと親交を深めていった。

文久2年（1862）には彼の志に呼応した勤王志士たちとともに上洛。翌年、全国諸藩から選抜された親兵が設置されると、鼎蔵は約2000人を率いる総監に任じられたのである。しかし、「八月十八日の政変」によって事態は急変。一度は長州藩へ去るが、再び京都を訪れて潜伏する。そこで、久留米藩士の真木和泉らと尊皇攘夷派の勢力回復を目論んでいたが、元治元年（1864）、池田屋で会合中に新選組に襲撃され奮戦したが自刃した。

久留米藩士

真木和泉《まきいずみ》

［文化10年（1813）〜元治元年（1864）］

松陰亡き後の尊王攘夷派を率いた活動家。禁門の変で敗れて敗走し自害する

筑後国久留米、水天宮の神職の家に生まれた真木和泉は、江戸に出て水戸藩の会沢《あいざわ》正志斎《せいしさい》に面会し、尊王攘夷思想に大きな影響を受けた。久留米に帰ると水戸学（天保学）の思想を盛んに唱え、藩主・有馬頼永《ありまよりとう》に藩政改革意見を上書した。その後、頼永が逝去すると、十一代藩主・頼咸《よりしげ》は藩内での意見が対立したことから、和泉らに蟄居《ちっきょ》を命じた。10年に及ぶ幽閉中、和泉のもとには諸国の志士たちが密かに訪れることも多かった。文久2年（1862）、大久保利通らと公武合体政策推進派で薩摩藩の最高権力者・島津久光が上京。和泉もあとを追うが、京都では寺田屋の変が起こる。これは尊王派の薩摩藩士・有馬新七たちが関白の九条尚忠、京都所司代の酒井忠義の殺害を企てた事件である。久光は鎮撫のために家臣を旅館・寺田屋に派遣したが同士討ちになってしまった。そして騒動に連座した和泉は久留米に護送、幽閉される。赦免後、ふたたび上京し、桂小五郎らと天皇の大和行幸を企てるも事ならず、「八月十八日の政変」で三条実美ら七卿と長州藩へと逃れた和泉は、元治元年（１８６４）、尊王攘夷派の長州藩士・来島又兵衛や久坂元瑞ら同士と禁門の変を起こすも敗れ去る。そして敗走中に新撰組の追撃を受けて、京都の天王山で自害した。

土佐藩郷士

武市半平太《たけいちはんぺいた》

［文政12年（１８２９）～慶応元年（１８６５）］

土佐勤王党の盟主として活躍したが、「八月十八日の政変」によって捕らえられ切腹

尊攘運動が激化していた万延元年（１８６０）、武市半平太は九州の諸藩を巡った後、江戸へ出て尊攘派の志士たちと交わった。江戸で同じ土佐藩の大石弥太郎から勤王論勃興の趨勢を聞き、木戸孝允らと時勢を論じるうちに、土佐藩尊攘派の組織化を決意するようになる。程なくして、下級武士や郷士を中心とする土佐勤王党《とさきんのうとう》を結成し、半平太はその首領となった。藩の参政で、佐幕的公武合体を堅持していた吉田東洋を説得したが受け入れられず、ついに暗殺して藩論を一変させる。その後、藩主・山内豊《とよ》範《のり》に従って入京し、京都留守居役となったが、依然として佐幕派の勢力は強かった。

そして、「八月十八日の政変」で尊攘運動は後退し、前藩主・山内容堂によって投獄される。在獄1年半を経て切腹を命じられ、土佐勤王党は壊滅した。

長州藩・活動家

吉田稔麿《よしだとしまろ》

［天保12年（1841）～元治元年（1864）］

松下村塾・三秀の一人として兵学を学ぶ。奇兵隊に参加して池田屋事件で討死

吉田松陰の生家の近くで、足軽の子として吉田稔麿は生まれた。13歳の時に江戸藩邸で小者の職に就き、萩に帰ってくると、近所ということもあり松下村塾へ通い出した。稔麿は、高杉晋作と久坂玄瑞と共に松下村塾の三秀と称せられるようになる。松陰の処刑後、玄瑞らと攘夷活動に奔走。玄瑞が下関で結成した光明寺党に加わった。さらに、高杉が奇兵隊を組織すると、これに刺激を受けて各地で多くの諸隊が作られたが、稔麿は被差別部落の人々からなる屠勇隊《とゆうたい》を編成した。元治元年（1864）、京都の旅籠・池田屋に、長州藩を中心とする尊攘派の志士たちが集結。そのなかに、たまたま江戸から出てきていた稔麿の姿もあった。そこを新選組が襲い、稔麿は体中に傷を負って重囲を脱したが死去。享年24、短すぎる生涯だった。

4 幕末維新を生き抜いた者たち

長州藩士・維新十傑

大村益次郎《おおむらますじろう》 ［文政8年（1825）～明治2年（1869）］

長州藩屈指の兵学者として才能を発揮、維新後に日本陸軍の創始者となる

長州藩の村医の長男として生まれた大村益次郎は、日本の近代医学の祖・緒方洪庵の適々斎塾などで学び、舶来医学とオランダ語を修めた。しかし、故郷で開いた医院は流行らず、やがて医学の道から離れるようになる。嘉永6年（1853）、益次郎の語学力を買った宇和島藩の要請により、同藩の翻訳方として出仕。そこで西洋兵学や蘭学の講義と翻訳を手がけるばかりか、長崎へ赴いて砲台・蒸気船の設計を行い、洋式軍艦の雛形も製造した。さらに、安政3年（1856）、藩主の参勤交代に同行した益次郎は、蘭学私塾の鳩居堂を開く。その評判が幕府の耳に入ると、宇和島藩在籍のまま、幕臣になって講武所の教授となり、西洋兵学者としての名を高めた。ところが、長州藩士・木戸孝允の熱心な誘いによって、幕府での高い地位を捨てる形で帰藩。軍務大臣に抜擢された益次郎は、藩の兵制改革に着手する。また、指揮を執った第二次長州征伐で幕軍を撃破し、浜田城を陥落させるなど功績を挙げた。

明治新政府においても重用された益次郎は、戊辰戦争で兵站《たん》参謀として活躍。その功績によって、木戸孝允、大久保利通と並んで新政府の最重要幹部となった。兵部大輔《ひょうぶたいふ》に就任した益次郎は、急ピッチで日本の軍事制度の構築を進めていく。次は西から戦いが起こる、と予言した益次郎は、大阪を中心にして火薬庫などの軍施設を建てさせた。事実、益次郎が亡くなって8年が過ぎた頃、西郷隆盛率いる薩摩武士が挙兵し、西南戦争が勃発したのだった。日本陸軍の建設に努めていた矢先の明治2年（1869）、益次郎は京都の旅館で旧士族に襲われ重傷を負う。その刺客は、益次郎の急進開化主義に対して強い反感を抱いていた。一命を取り留め、手術を受けた益次郎だったが、その後の容態は思わしくなく、間もなく死去。「国民皆兵」を唱えていた益次郎の遺志を山県有朋が引き継ぎ、明治6年（1869）に徴兵令が施行された。

長州藩士・維新三傑・松陰門下生

木戸孝允《きどたかよし》

［天保4年（1833）～明治10年（1877）］

長州藩において討幕と明治維新のために奔走した中心人物

西郷隆盛、大久保利通と並ぶ維新三傑のひとり。萩の藩医・和田昌景の長男として生まれ、天保11年（1840）、7歳の時に桂家の養子となって武士としての身分を得る。吉田松陰に兵学の教えを受けた木戸孝允は、剣術修行で江戸に出た後は、次第に長州藩における尊王攘夷派の中心人物となっていく。京都へ移り、元治元年（1864）の池田屋の変では運よく難を逃れ、禁門の変で長州藩が敗退すると、但馬での潜伏後に帰藩。対幕抗戦の藩論決定で活躍した。また、坂本龍馬の斡旋で薩摩藩士・小松帯刀《たてわき》、西郷隆盛らと薩長同盟を結ぶ。王政復古後は五箇条の御誓文の草案作成に関与。明治2年（1869）、薩摩・長州・土佐・肥前の4藩が版籍奉還の建白書を提出したが、その実現には木戸が一役買った。また、廃藩置県でも西郷隆盛と並ぶ参議として重責を担った。明治8年（1875）、大久保利通や板垣退助らと大阪会議を開き、立憲制を布くとの方針を定める。西南戦争では事変処理にあたったが、間もなく病死した。明治維新までは桂小五郎としての名がよく知られている孝允。幾度となく命を狙われた幕末は、10種類以上の変名を用いて敵の目を欺いたといわれている。後年の木戸という姓は、藩主の毛利敬親から賜ったものである。

薩摩藩士・維新三傑

西郷隆盛《さいごうたかもり》

［文政11年（1828）〜明治10年（1877）］

明治維新における最大の功労者として知られる志士

下級武士の西郷隆盛は、薩摩藩主・島津斉彬に見出され、強い影響を受ける。斉彬が病死すると、西郷は絶望して殉死まで考えたが、安政の大獄で追われる身となった僧侶の月照《げっしょう》を護衛。しかし、薩摩藩は月照を保護せず、そのため西郷は月照と共に海に身を投じ、西郷だけが奇跡的に一命を取り留めた。小松帯刀や大久保利通の尽力で藩政に復帰した後は、薩長同盟、王政復古、戊辰戦争、江戸城無血開城など主要な局面で次々と活躍。明治維新における最大の功労者となった。薩摩に帰郷後、隠遁生活を送るが、新政府側の強い要請により参議として政界に復帰。明治6年（1873）

の征韓論政変に敗れて下野《げや》。再び鹿児島に戻り、官吏らのために私学校を創設したが、政府の挑発と私学校生徒の暴発により西南戦争を起こし、敗北。自刃した。

薩摩藩士・維新三傑

大久保利通《おおくぼとしみち》

［文政13年（1830）～明治11年（1878）］

西郷の盟友として討幕に活躍。その後、明治政府の礎を築いた

大久保利通が20歳の時、父親が薩摩藩・島津家の後継者をめぐる騒動に巻き込まれ、一家は窮地に陥ったが、この時の経験が大久保を立身出世の道へと導いた。盟友・西郷隆盛と討幕を果たすと、廃藩置県による中央集権化、武士身分の廃止、武士の代わりに農民中心の軍隊を作る徴兵令の制定を断行。しかし、徴兵制については西郷と意見が割れた。両者の溝は、征韓論争でますます深まり、やがて対立は西南の役で決着を迎えることになる。征韓論争は、西郷を失脚させるための、大久保による権謀術数だったともいわれている。こうして、「大久保独裁政権」と呼ばれるほど強大な権力を持つようになった矢先のこと、不満を募らせた旧士族たちに襲われ、1年前に非業の死を遂げた西郷の後を追うようにして亡くなった。

幕臣

勝海舟《かつかいしゅう》

［文政6年（1823）～明治32年（1899）］

維新後は幕臣時代からの「日本の海軍」整備に尽力

幕臣・勝海舟の活躍の場が開けたのは、嘉永6年（1853）のペリー来航以後のことだった。海舟の提出した海防意見書が、老中首座・阿部正弘の目に留まったことがきっかけで、念願の役入りを果たしたのである。幕府の伝習生監督として長崎の海軍伝習に参加し、オランダ海軍の士官に従学。万延元年（1860）には、咸臨丸《かんりんまる》を指揮して太平洋を渡り、アメリカを訪問。以後、次第に立身して軍艦奉行に就任すると、幕府という枠に収まらない「日本の海軍」の建設を目指して奔走する。さらに、幕府瓦解時に際して徳川家の保全、慶喜の助命、江戸城の無血引き渡しなど、政治的にも縦横の活躍を見せた。新政府樹立後は、旧幕臣の筆頭として海軍卿や枢密顧問官などを歴任し、伯爵に叙された。明治32年（1899）、脳溢血で倒れ死去した。

公卿・維新十傑

岩倉具視《いわくらともみ》

［文政8年（1825）〜明治16年（1883）］

西郷、大久保らと王政復古のクーデターを画策。維新後は立憲主義を目指した

下級公家の岩倉具視は、まず宮中に出仕して孝明天皇の侍従となった。安政5年（1858）、岩倉は日米修好通商条約勅許に反対し、志を同じくする公家を集めて関白・九条尚忠《ひさただ》に抗議した。しかし、やがて朝廷と幕府の対立は国損であるという認識に至ると、公武合体を唱え、皇女・和宮《かずのみや》降嫁を謀って孝明天皇に親幕派と疑われ、蟄居処分となる。蟄居中、岩倉のもとには大久保利通や西郷隆盛、坂本龍馬など多くの志士が訪れた。慶応3年（1867）、宮中に復帰すると、西郷と大久保の指揮下で京都御所を押さえ、王政復古の大号令を発した。このクーデターによって新政府が樹立。その後は富国強兵の推進をはじめとする内政を充実させ、立憲政治の構築に努めたが、明治16年（1883）に病死。日本で初めて国葬が執り行われた。

英国公使

ハリー・パークス ［文政11年（1828）〜明治18年（1885）］

英国公使として、薩長に便宜を与え、明治政府樹立後も影響力を行使

慶応元年（1865）、イギリスの駐日総領事に就任したハリー・パークスは、有能な通訳で後にイギリスにおける日本学の基礎を築いたアーネスト・サトウの助言を得て、強硬な対日政策を進める。それは、もはや幕府の統治能力は失われつつあり、天皇を担いで討幕を計ろうとする勢力を援助して新政府が樹立すれば、自由貿易主義のもとでイギリスは国益を得られる、という考えだった。こうしてパークスは、フランスなどと共に連合艦隊を派遣して幕府と開港交渉を進めていった。明治維新後は、大隈重信や伊藤博文らの官僚に対し、鉄道や電信など西洋文明の導入を推進するなど、日本の近代化と日英交流に貢献した。明治16年（1883）に離日するまで対日外交に携わったが、翌々年、転任先の朝鮮で過労のため倒れて死去した。

長州藩士・維新十傑

広沢真臣《ひろさわさねおみ》

［天保4年（1834）〜明治4年（1871）］

長州藩における木戸の盟友として討幕に活躍。明治政府樹立後も要職を歴任

吉田松陰や長井雅楽をはじめ、数々の英才を輩出した藩校・明倫館で学んだ広沢真臣は、藩の軍政改革に参画するなど、尊攘派として活躍。また、木戸孝允のもと、京都詰の事務方として尽力した。元治元年（1864）、禁門の変が起こると、藩内の政権闘争に敗れ投獄されたが、翌年に出獄。クーデターによって高杉晋作らが実権を握ったことで、広沢は藩政に参加し始めた。慶応2年（1866）、第二次長州征伐の後、安芸の厳島で幕使・勝海舟と会見し、休戦講和を結ぶ。さらに、薩摩藩の大久保利通らと協定し、討幕活動を推し進めた。明治維新後は民部大輔《みんぶたいふ》や参議などの要職を歴任。しかし、明治4年（1871）、深夜に寝静まったところを刺客に襲われる。横井小楠、大村益次郎に続く、新政府要人の暗殺となった。

長州藩士・維新十傑・松陰門下生

前原一誠《まえばらいっせい》

［天保5年（1834）〜明治9年（1876）］

長州征伐、戊辰戦争で活躍。後に木戸と対立し帰郷、萩の乱の首謀者に担がれる

長州藩士の長男として生まれた前原一誠は、安政4年（1857）、久坂玄瑞や高杉晋作らと共に松下村塾に入門する。吉田松陰の死後は、長崎に遊学して英学を修めた。

文久2年（1862）に脱藩し、上京して長井雅楽の暗殺を謀ったが失敗に終わる。その後も討幕活動に尽力。戊辰戦争では、長岡城攻略や会津戦線で武功を挙げた。新政府において参議を務め、暗殺された大村益次郎の後任で兵部大輔も兼ねた。しかし、大村の方針であった徴兵制に反対し、木戸孝允と対立。やがて、徴兵制を支持する山県有朋に政界を追われる。帰郷した前原は、明治9年（1876）、不平士族に担がれ萩の乱を起こしたが、鎮圧されて処刑。松下村塾の創立者で松蔭の叔父・玉木文之進は、養子や数多くの塾生が事件に関与した責任を感じて切腹した。

薩摩藩士・維新十傑

小松帯刀《こまつたてわき》

［天保6年（1835）～明治3年（1870）］

薩摩藩家老として、内外に西郷、大久保を支え、討幕を達成した影の功労者

小松帯刀は、学問の才を発揮しながらも病に伏せがちの少年時代を送っていた。文久元年（1861）、薩摩藩で島津久光による体制が確立すると、御改革御内用掛に任命。藩政改革に取り組む。翌年、家老職に就任。人望の厚い家老として、西郷隆盛や大久保利通などの下級武士を抜擢し、明治維新を裏から支えた。以後は京都に滞在することが多く、禁門の変の処理を担い、西郷、大久保、坂本龍馬らと薩長同盟の結成に参画した。また、大政奉還を前に、薩摩藩の代表として徳川慶喜に将軍辞職を献策。新政府では要職を歴任し、将来を嘱望された。大久保らと版籍奉還を画策し、帰藩して久光を説得。率先して自らの領地を返上して模範を示した。しかし、数え年36歳の若さで病死。その死を惜しんで「幻の宰相」とも呼ばれている。

徳川家

天璋院《てんしょういん》（篤姫《あつひめ》）［天保7年（1836）〜明治16年（1883）］

薩摩出身ながら十三代将軍の妻として幕府の為に力を尽くし、徳川宗家を守り抜く

従兄である薩摩藩主・島津斉彬に養われると、名を一子から篤姫に改めた。安政3年（1856）、右大臣・近衛忠熙《ただひろ》の養女に、続けて第十三代将軍・徳川家定の正室になり、大奥に入った。この縁組には、将軍嗣継に一橋慶喜の擁立を望む斉彬らにとっては、篤姫を御台所として将軍にその意を説かせるため。一方の幕府側にとっては、病弱な将軍の多難な政局に面して、雄藩である薩摩を懐柔するためなど、多くの政治的目的があった。しかし、結婚からわずか2年弱で家定は急死。家定の死を受けて篤姫は落飾し、天璋院と号し、従三位を授けられた。戊辰戦争に際しては、静寛院宮《せいかんいんのみや》（和宮）と共に徳川の救済と慶喜の助命に尽力。江戸開城後は一橋邸に移居し、家名を相続した幼年の徳川家達の養育に専念して、徳川宗家の維持に尽くした。

公卿・元勲

三条実美《さんじょうさねとみ》

［天保8年（1837）～明治24年（1891）］

尊王攘夷派の急先鋒を担った名門公家。維新後は新政府の最高首脳として活躍

三条実美は、安政の大獄で処分された父と同じく、尊皇攘夷派の公家の中心人物として頭角を現していく。文久3年（1863）、大和行幸・攘夷親征を名目とした討幕挙兵を企図するも、公武合体派による政変が起こって計画は頓挫。京都を逃れて長州へと移った。そこで同藩の庇護を受けるが、第一次長州征伐の結果、今度は筑前太宰府の延寿王院へと移送され、3年間の幽閉を強いられる。この間、延寿王院に集まった西郷隆盛や高杉晋作、岩倉具視らと気脈を通じる間柄になり、画策に努めた。王政復古で表舞台に復帰すると、副総裁になり、新政府の最高首脳を担う。その後、西南戦争など内外の難局を処理して国の発展に貢献した。明治22年（1889）には内閣総理大臣を兼任するが、翌々年病没。国葬の礼をもって弔われた。

長州藩士・松陰門下生

山県有朋《やまがたありとも》

［天保9年（1838）～大正11年（1922）］

奇兵隊軍監として討幕に活躍。明治後は大村の後継者として日本陸軍を掌握

山県有朋は、高杉晋作の発案で組織された奇兵隊に入ってから頭角を現した。この戦闘部隊の編制や訓練において、高杉は自ら学んだ松下村塾の塾主・吉田松陰が著した『西洋歩兵論』から受けた影響も少なくないといわれている。また、高杉は身分に関係なく有望な人材を登用。足軽以下と低い身分の生まれだった山県などが立身出世するきっかけを与えた。山県自身は、久坂玄端の紹介で松下村塾に入門。在塾期間こそ短かったが、松陰から薫陶を受け、生涯にわたって深く畏敬した。明治末期に伊藤博文が暗殺されると、山県は大きな発言力を持つ元老として政界に君臨。首相選定の主導権をも握る。大正初期には陸軍や政界の黒幕となり、「日本軍閥の祖」の異名をとった。死後、昭和天皇は軍人の一面において山県を高く評価した。

土佐藩士

後藤象二郎《ごとうしょうじろう》

［天保9年（1838）〜明治30年（1897）］

坂本龍馬と連携し、幕府へ大政奉還を建白。維新後も土佐派筆頭として重責を担う

幼少時に父を失った後藤象二郎は、義叔父・吉田東洋に感化された。東洋の横死後は、江戸へ出て航海術や蘭学、英語を学ぶ。帰藩後、前藩主で事実上の権力者だった山内容堂の信任を得て藩の実権を握り、公武合体派の急先鋒として活躍。上海を視察して海外貿易を研究していた頃、坂本龍馬と深く交わるようになった。象二郎は龍馬の船中八策に基づいて、将軍・徳川慶喜に大政奉還の建白を行なった。小御所会議では、容堂と岩倉具視の間の意見衝突を調整し、新政府樹立の際には参与に列した。しかし、征韓論争に敗れると、下野して板垣退助らと愛国公党を組織し、民選議院設立を建白。また、実業界に入って高島炭鉱を経営したが失敗し、岩崎弥太郎に譲渡した。晩年は逓信《ていしん》大臣や農商務大臣などを歴任したが、病気のため不遇でもあった。

長州藩士・松陰門下生

伊藤博文《いとうひろぶみ》

［天保12年（1841）〜明治42年（1909）］

明治政府初期から頭角を現し、維新三傑の後継者となる

周防国《すおうのくに》の貧しい農家に生まれた伊藤博文は、9歳の時に家族と共に萩へと移り、17歳で松下村塾に入門。吉田松陰の推薦を受け、山県有朋たちと京都へ情勢視察に赴いたのを機に、尊王攘夷の必要性を認める。文久2年（1862）、尊王攘夷運動を牽引する塾生の久坂玄瑞らと、公武合体論を主張する長井雅楽の暗殺を画策。品川御殿山のイギリス公使館焼き討ちをはじめ、志士として活躍した。長州五傑のひとりとしてロンドン留学後は開国・富国強兵論者に転じ、武力討幕運動に積極的に参加。やがて政府の中心的地位を確保すると、内閣制度を創設して初代内閣総理大臣に就任した。明治38年（1905）、韓国総督府の初代統監に就任。伊藤は国際協調派ともいえる考えの持ち主で、韓国併合には反対の立場だったが、韓国国民に恨みを買って暗殺される。

長州藩士・松陰門下生

品川弥二郎《しながわやじろう》

［天保14年（1843）～明治33年（1900）］

高杉、木戸らと尊王攘夷、討幕活動に奔走。明治政府では内務大臣などを歴任した

長州藩の足軽の長男として生まれた品川弥二郎は、安政4年（1856）、松下村塾に入門。翌年、吉田松蔭の冤罪を訴えて謹慎させられたが、一年後に赦された。しかし、安政の大獄で松陰が刑死すると、高杉晋作らと行動を共にして、尊王攘夷運動に奔走する。イギリス公使館焼き討ちなどを実行した。禁門の変では、八幡隊長として戦ったが敗れて帰国。慶応元年（1865）、木戸孝允らと上京すると、情報収集や連絡係として薩長同盟の成立に尽力した。明治維新後は、駐独公使や枢密顧問官などを歴任。明治24年（1891）には内務大臣に就任した。また、獨逸学協会学校（現・獨協学園）の創立に関与したのは、弥二郎を「情有る人」「弥二は人物を以て勝る」と高く評価して可愛がった松蔭の遺志を継いでのこと、と伝えられている。

長州藩士・松陰門下生

山田顕義《やまだあきよし》

［弘化元年（1844）〜明治25年（1892）］

松下村塾最年少の門下生、天才的な用兵から「日本の小ナポレオン」と呼ばれた男

弘化元年（1844）、長州藩士・山田顕行の長男として松本村に生まれた山田顕義（幼名・市之允）。藩校明倫館に学んだ後、安政4年（1857）14歳の時に伯父・山田亦《また》介《すけ》の推薦によって松下村塾に入門、吉田松陰に師事する。松陰にとって最年少の門下生だったといわれている。その後は大村益次郎に兵学を学び、幕末に戦闘が絶え間なく続いた長州藩において、軍人としての才能を発揮。文久2年（1862）12月には高杉晋作、久坂玄瑞らと共に攘夷の血判書（御楯組血判書）に名を連ねた。明治維新後は、明治7年（1874）に江藤新平らが起こした佐賀の乱、明治10年（1877）に西郷隆盛らが起こした西南戦争に従軍し、反乱士族を鎮圧。その戦術は「用兵の妙、神の如し」と評された。その後、明治新政府にて参議を務める一方、工部卿、内務卿、司法卿を歴任。また、教育を重視し、明治22年（1889）には日本法律学校（現・日本大学）を創設し、次いで翌年、國學院（現・國學院大學）を設立した。

佐賀藩士・維新十傑

江藤新平《えとうしんぺい》

［天保5年（1834）〜明治7年（1874）］

明治新政府の近代革命に貢献するも、その人生は佐賀の乱で一転

江藤新平は、佐賀藩士江藤助右衛門の第1子として、佐賀城下・八戸町に生まれた。11歳で藩校弘道館に入学し、19歳で枝吉神陽に学び、義祭同盟に参加。開国論を唱えるようになった。そして28歳の6月に脱藩して京都へ上ると、尊王運動の中心となっていた公卿の姉小路公知《あねがこうじきんとも》と出会う。その後佐賀に連れ戻され、藩から永蟄居を命ぜられるが、慶応3年（1867）閉門を許され、京都で倒幕運動に専念。明治元年（1868）には官軍の軍監となり彰義隊を討った。維新後は、大木喬任《たかとう》と連名で江戸遷都を建議、鎮将府会計局判事となり、東京の民生に尽くす。明治政府内では立法・制度において偉大な功績があり、明治5年（1872）司法卿として司法制度の基礎を築いた。しかし明治6年（1873）、参議となった江藤だが征韓論争に敗れて下野。板垣退助などと民撰議院の建白をしていれられず、佐賀へ帰郷した。そして佐賀県士族に押されて、島義勇《よしたけ》の憂国党と組み佐賀の乱を起こし戦ったが敗北。佐賀城内で処刑された。

おわりに　激動の時代から150年を経て

幕末という激動の時代。それは現代に生きる私たちには、想像もつかないほど大変な時代であったことでしょう。先人たちは、次々と襲いかかる困難に対し、ひるむことなく立ち向かい、明治という新たな時代を迎え、やがて近代国家を築きました。

本書は幕末から明治維新にかけて熱く燃えたぎった時間を、長州藩の目を通して振り返った一冊です。近代国家・日本を構築するために、長州藩が果たした役割はとても大きいものでした。しかし長州藩は薩摩藩のように、外交や種々の計略によって時勢を一変させたわけではありません。周囲に遅れをとりながらも倒幕運動に加わった土佐藩や、最終的には勝ち馬に乗った佐賀藩など諸藩ともまったく異なっています。長州藩は紆余曲折がありながらも、その行動原理の中心にあったのは、一貫して「尊王攘夷」と「反幕」という思想でした。その狂信的ともいうべき純粋さで、政治の局面を動かしたのです。世界史を見ても、国や社会の体制を大きく変える時には、急進的に物事を進めるパワーが不可欠です。幕末の日本のおいては、長州藩こそが、その先駆者であり原動力であったといえるのではないでしょうか。

その一方で、長州藩は多くの犠牲も払いました。幕府と戦い、西欧列強とも戦い、さらには内乱も起こりました。多くの同士を失いながらも、彼らは尊王攘夷、そして反幕を貫き、最終的には倒幕を成し遂げました。吉田松陰の死も、彼らの行動を後押ししたひとつの要因であったのかもしれません。

ところが彼らが明治維新を成し遂げた後、推進したのは文明開化でした。攘夷どころか西洋文化を積極的に取り入れ、制度や法律も西洋風に変えます。長州も薩摩も、いつの間にか攘夷を捨てて〝成長戦略〟に転換することになるのです。今日では、明治政府が西洋文化を取り入れて近代化を図ったことは当たり前のように思われていますが、それは薩長の路線転換があったからこそ、可能になったことといえるでしょう。

それから日本は、日清・日露戦争を経て、帝国主義全盛の時代に突入。太平洋戦争へと繋がります。どちらがいい、どちらが悪い、という単純な図式では捉えられない時代ですが、明治維新150年を迎えた今、あの革命が何だったのか、そして未来にどう活かせるのか、あらためて考えてみてはいかがでしょうか。

男の隠れ家編集部

「男の隠れ家」は三栄書房が発行する月刊誌。1997年5月創刊、毎月27日発売。主に熟年男性を主要ターゲットとして歴史や文化、食、旅など毎号異なる趣味の提案をしている。アフター5やウイークエンドの貴重な時間をいかに、魅力的で豊かに過ごすのか、様々な角度から豊富な情報を掲載する。2017年には創刊20周年を迎え、さらなる進化を目指している。

執筆者◎上永哲矢（P2〜5、P12〜77）、野田伊豆守（P80〜141）、佐藤克成（P142〜186）
写真◎島﨑信一（P71、P74）

成立から倒幕まで
長州藩
志士たちの生き様

2018年5月16日　初版 第1刷発行

編　者 ——— 時空旅人編集部
発行人 ——— 星野邦久
発行元 ——— 株式会社三栄書房
〒160-8461 東京都新宿区新宿6-27-30
新宿イーストサイドスクエア 7F
TEL:03-6897-4611（販売部）
TEL:048-988-6011（受注センター）
装幀者 ——— 丸山雄一郎（SPICE DESIGN）
制　作 ——— 株式会社プラネットライツ
印刷製本所 —— 図書印刷株式会社

落丁本･乱丁本は購入書店名を明記のうえ、小社販売部あてにお送りください。
送料は小社負担にてお取り替えいたします。
Printed in Japan ISBN 978-4-7796-3602-8